TOTEM ET TABOU

INTERPRÉTATION PAR LA PSYCHANALYSE DE LA VIE SOCIALE DES PEUPLES PRIMITIFS.

SIGMUND FREUD

Traduction par
S. JANKÉLÉVITCH

ALICIA EDITIONS

TABLE DES MATIÈRES

Préface   v

LA PROHIBITION DE L'INCESTE   1

LE TABOU ET L'AMBIVALENCE DES SENTIMENTS   25

ANIMISME, MAGIE ET TOUTE-PUISSANCE DES IDÉES   107

LE RETOUR INFANTILE DU TOTÉMISME   147

PRÉFACE

Les quatre chapitres dont se compose ce livre avaient paru précédemment dans ma revue Imago et constituent la première tentative que j'ai faite en vue d'appliquer à certains phénomènes encore obscurs de la psychologie collective les points de vue et les données de la psychanalyse. Ils s'opposent donc, d'une part, au grand ouvrage de W. Wundt qui a voulu appliquer au même sujet les hypothèses et les méthodes de travail de la psychologie analytique et, d'autre part, aux travaux de l'école psychanalytique de Zurich qui cherche, au contraire, à expliquer la psychologie individuelle par des données empruntées à la psychologie collective [1]. Je conviens volontiers que ce sont ces deux ordres de travaux qui ont servi de point de départ à mes recherches personnelles.

Ces recherches présentent des défauts et des lacunes que je ne me dissimule nullement. Quelques-uns de ces défauts et lacunes sont de ceux qu'il est impossible d'éviter lorsqu'on aborde un sujet pour la première lois. Je n'en parlerai donc pas ici. Il en est d'autres, en revanche, qui exigent quelques mots d'explication.

Ce livre, tout en s'adressant à un public de non-spécialistes, ne pourra cependant être compris et apprécié que par des lecteurs déjà plus ou moins familiarisés avec la psychanalyse. Il se propose de créer un lien entre ethnologistes, linguistes, folkloristes, etc., d'une part, et psychanalystes, de l'autre, sans toutefois pouvoir donner aux uns et aux autres ce qui leur manque : aux premiers, une initiation suffisante à la nouvelle technique psychologique; aux derniers, une maîtrise suffisante des matériaux qui attendent leur élaboration. Aussi doit-il se contenter d'éveiller l'attention des uns et des autres, et je m'estimerais heureux si ma tentative pouvait avoir pour effet de rapprocher tous ces savants en vue d'une collaboration qui ne peut qu'être féconde en résultats.

Les deux sujets annoncés dans le litre de ce petit livre, le totem et le tabou, n'y sont toutefois pas traités de la même manière. Le problème du tabou y reçoit une solution que je considère comme à peu près définitive et certaine. Il n'en est pas de même du totémisme, au sujet duquel je dois déclarer modestement que la solution que j'en propose est seulement celle que les données actuelles de la psychanalyse semblent justifier et autoriser. Cette différence entre les résultats obtenus, quant à leur degré de certitude, tient à ce que le tabou survit encore de nos jours, dans nos sociétés modernes; bien que conçu d'une façon négative et portant sur des objets tout à fait différents, il n'est, au point de vue psychologique, pas autre chose que l' « Impératif catégorique » de Kant, à la différence près qu'il veut agir par la contrainte, en écartant toute motivation consciente. Le totémisme, au contraire, est tout à fait étranger à notre manière de sentir actuelle.

Il est une institution depuis longtemps disparue et remplacée par de nouvelles formes religieuses et sociales; une institution dont on retrouve à peine quelques vagues traces dans la religion, les mœurs et les coutumes des peuples civilisés modernes et qui a subi de profondes modifications chez ceux-là mêmes qui y adhèrent encore. Le progrès social et technique de l'humanité a été moins préjudiciable au tabou qu'au totem. On a essayé dans ce livre de déduire le sens primitif du totémisme de ses traces et de ses survivances infantiles, des aspects sous lesquels il se manifeste au cours du développement de nos propres enfants. Les rapports étroits qui existent entre le totem et le tabou semblent offrir de nouvelles bases à cette hypothèse; mais à supposer même que celle-ci se révèle finalement comme invraisemblable, je n'en estime pas moins qu'elle aura contribué, dans une certaine mesure, à nous rapprocher d'une réalité disparue, et si difficile à reconstituer.

S. F.

---

1. Jung : Wandlungen und Symbole der Libido, dans « Jahrbuch für psychoanalyst. und pshopathologische Forschungen », Band IV, 1912. Du même auteur : Versuch einer Darstellung der psychoanalytischen Theorie, même recueil, Band V, 1913.

LA PROHIBITION DE L'INCESTE

Nous connaissons le chemin parcouru par l'homme de la préhistoire, dans son développement, grâce aux monuments et aux ustensiles qu'il nous a laissés, grâce aux restes de son art, de sa religion et de sa conception de la vie qui nous sont parvenus soit directement, soit transmis par la tradition dans des légendes, des mythes et des contes, grâce enfin à la survivance de sa mentalité que nous pouvons retrouver dans nos propres mœurs et coutumes. En outre, cet homme de la préhistoire est encore, jusqu'à un certain point, notre contemporain; il existe encore des hommes quo nous considérons comme étant beaucoup plus proches des primitifs que nous ne le sommes et dans lesquels nous voyons les descendants et successeurs directs de ces hommes de jadis. C'est ainsi que nous jugeons les peuples dits sauvages et demi-sauvages, dont la vie psychique acquiert pour nous un intérêt particulier, si nous pouvons prouver qu'elle constitue une phase antérieure, bien conservée, de notre propre développement.

Admettons que cette preuve soit faite; en établissant alors une comparaison entre la « psychologie des Peuples primitifs, » telle que nous la révèle l'ethnographie, et la psychologie du névrosé, telle qu'elle ressort des recherches psychanalytiques, nous devrons trouver entre l'une et l'autre de nombreux traits communs et être à même de voir sous un jour nouveau, dans l'une et dans l'autre, des faits déjà connus.

Pour des raisons aussi bien extérieures qu'intérieures, je choisis, en vue de cette comparaison, les tribus que les ethnographes nous ont décrites comme étant les plus sauvages, les plus arriérées et les plus misérables: les habitants primitifs du plus jeune des continents, de l'Australie, qui a conservé jusque dans sa faune tant de traits archaïques, introuvables ailleurs.

Les habitants primitifs de l'Australie sont considéré comme une race à part, sans aucune parenté physique ni linguistique avec ses voisins les plus proches, les peuples mélanésiens, polynésiens, malais. Ces habitants ne bâtissent ni maisons, ni cabanes solides, ne cultivent pas le sol, ne possèdent aucun animal domestique, pas même le chien, ignorent jusqu'à l'art de la poterie. Ils se nourrissent exclusivement de la chair de tous les animaux, quels qu'ils soient, qu'ils abattent et des racines qu'ils arrachent à la terré. Ils n'ont ni rois ni chefs, l'assemblée des hommes mûrs décidant des affaires communes. Il n'est pas certain qu'on trouve chez eux des traces d'une religion, sous la forme d'un culte rendu à des Êtres supérieurs. Les tribus de l'intérieur du continent qui, par suite du manque d'eau ont à lutter contre des conditions excessivement dures apparaissent sous tous les rapports plus primitives que les tribus voisines de la côte.

Nous ne pouvons, certes, pas nous attendre a ce que ces misérables cannibales nus observent une morale sexuelle se rapprochant de la nôtre ou imposent à leurs instincts sexuels des restrictions trop sévères. Et, cependant, nous savons qu'ils s'imposent l'interdiction la plus rigoureuse des rapports sexuels incestueux. Il semble même que toute leur organisation sociale soit subordonnée à cette intention ou soit en rapport avec sa réalisation.

A la place de toutes les institutions religieuses et sociales qui leur manquent, on trouve chez les Australiens le système du totémisme. Les tribus australiennes se divisent en groupes plus petits, clans, dont chacun porte le nom de son totem. Qu'est-ce qu'un totem? D'une façon générale, c'est un animal, comestible, inoffensif ou dangereux et redouté, plus rarement une plante ou une force naturelle (pluie, eau), qui se trouve dans un rapport particulier avec l'ensemble du groupe. Le totem est, en premier lieu, l'ancêtre du groupe; en deuxième lieu, son esprit protecteur et son bienfaiteur qui envoie des oracles et, alors même qu'il est dangereux pour d'autres, connaît et épargne ses enfants. Ceux qui ont le même totem sont donc soumis à l'obligation sacrée, dont la violation entraîne un châtiment automatique, de ne pas tuer (ou détruire) leur totem, de s'abstenir de manger de sa chair ou d'en jouir autrement. Le caractère totémique est inhérent, non à tel animal particulier ou à tel autre objet particulier (plante ou force naturelle), mais à tous les. individus appartenant à l'espèce du totem. De temps à autre sont célébrées des fêtes au cours desquelles les associés du groupe totémique reproduisent ou imitent, par des danses cérémoniales, les mouvements et particularités de leur totem.

Le totem se transmet héréditairement, aussi bien

en ligne paternelle que maternelle. Il est probable que le mode de transmission maternel a été partout le plus primitif et n'a été remplacé que plus tard par la transmission paternelle. La subordination au totem forme la base de toutes les obligations sociales de l'Australien; elle dépasse, d'un côté, la subordination à la tribu et refoule, d'un autre côté, à l'arrière-plan la parenté de sang [1].

Le totem n'est attaché ni au sol ni à telle ou telle localité; les membres d'un même totem peuvent vivre séparés les uns des autres et en paix avec des individus ayant des totems différents [2].

Et, maintenant, nous devons relever enfin cette particularité du système totémique par laquelle il intéresse plus spécialement le psychanalyste. Presque partout où ce système est en vigueur, il comporte la loi d'après laquelle *les membres d'un seul et même totem ne doivent pas avoir entre eux de relations sexuelles, par conséquent ne doivent pas se marier entre eux*. C'est la loi de *l'exogamie*, inséparable du système totémique.

Cette interdiction, rigoureusement observée, est assez remarquable. Elle est sans aucun rapport logique avec ce que nous savons de la nature et des particularités du totem, et l'on ne comprend pas comment elle a pu se glisser dans le totémisme. Aussi ne sommes-nous pas étonnés de voir certains auteurs admettre que l'exogamie n'avait au début et logiquement rien à voir avec le totémisme, mais qu'elle y a été surajoutée à un moment donné, lorsqu'on a reconnu la nécessité d'édicter des restrictions matrimoniales. Quoiqu'il en soit, que le lien existant entre l'exogamie et le totémisme soit profond ou non, le lien existe et apparaît comme très solide.

Essayons de comprendre la signification de cette prohibition à l'aide de quelques considérations.

a) La violation de cette prohibition n'est pas suivie d'un châtiment pour ainsi dire automatique du coupable, comme le sont les violations d'autres prohibitions totémiques (par exemple la prohibition de manger de la chair de l'animal-totem), mais est vengée par la tribu tout entière, comme s'il s'agissait de détourner un danger qui menace la collectivité ou une faute qui pèse sur elle. Voici une citation empruntée à Frazer et qui montre avec quelle sévérité les sauvages traitent ces violations, incontestablement immorales, même à notre point de vue:

« En Australie, les rapports sexuels avec une personne d'un clan prohibé sont régulièrement punis de mort. Peu importe que la femme fasse partie du même groupe local ou que, faisant partie d'une autre tribu, elle ait été capturée au cours d'une guerre; un homme du clan coupable, qui se sert d'elle comme de sa femme, est pourchassé et tué par les hommes de son clan, et la femme partage le même sort. Dans certains cas, cependant, lorsque l'un et l'autre ont réussi à se soustraire aux poursuites pendant quelque temps, l'offense peut être oubliée. Dans les rares cas où le fait dont nous nous occupons se produit chez la tribu Ta-ta-thi, dans la Nouvelle Galles du Sud, l'homme est tué, mais la femme est mordue et criblée de coups de lance, jusqu'à ce qu'elle expire, ou à peu près; la raison pour laquelle elle n'est pas tuée sur le coup est qu'elle a subi une contrainte. Même en ce qui concerne les amours occasionnelles, les prohibitions du clan sont strictement observées, toute violation de ces prohibitions « étant considérée comme la chose la plus horrible et étant punie de mort » (Hawitt) [3] ».

b) Comme les mêmes châtiments frappent les aventures amoureuses anodines, c'est-à-dire non suivies de procréation, il est peu probable que les prohibitions soient dictées par des raisons d'ordre pratique.

c) Le totem étant héréditaire et ne subissant aucune modification du fait du mariage, il est facile de se rendre compte des conséquences de cette prohibition dans les cas d'hérédité maternelle. Si l'homme, par exemple, fait partie d'un clan ayant pour totem le kangourou et épouse une femme ayant pour totem l'émou, les enfants, garçons et filles, seront tous émou. Un fils issu de ce mariage sera donc dans l'impossibilité d'avoir des rapports incestueux avec sa mère et sa sœur, émou comme lui [4].

d) Mais il suffit d'un coup d'œil un peu attentif pour se rendre compte que l'exogamie qui fait partie du système totémique a d'autres conséquences et poursuit d'autres buts que la simple prohibition de l'inceste avec la mère et la sœur. Elle défend à l'homme l'union sexuelle avec n'importe quelle autre femme de son groupe, c'est-à-dire avec un certain nombre de femmes auxquelles ne le rattache aucun lien du sang, mais qui sont cependant considérées comme étant ses consanguines. La justification psychologique de cette formidable restriction, qui dépasse tout ce qui peut lui être comparé chez les peuples civilisés, n'est pas évidente au premier abord. On croit seulement comprendre que dans cette prohibition le rôle du totem (animal), en tant qu'ancêtre, est pris très au sérieux. Tous ceux qui descendent du même totem sont consanguins, forment une famille, au sein de laquelle les degrés de parenté, même les plus éloignés, sont considérés comme un empêchement absolu à l'union sexuelle.

C'est ainsi que ces sauvages semblent obsédés par une crainte excessivement prononcée de l'inceste et possèdent une très grande sensibilité pour les rapports incestueux, crainte et possibilité liées à une particularité que nous comprenons mal et qui fait que la parenté du sang est remplacée par la parenté totémique. Il ne faut cependant pas exagérer cette opposition entre les deux genres de parenté et l'on doit tenir bien présent à l'esprit le fait que dans les prohibitions totémiques l'inceste réel ne constitue qu'un cas spécial.

Comment la famille réelle a-t-elle été remplacée par le groupe totémique? C'est là une énigme dont nous n'aurons peut-être la solution que lorsque nous aurons bien compris la nature du totem. On pourrait certes supposer que la substitution du lien totémique au lien de famille était la seule base possible de la prohibition de l'inceste, puisqu'en accordant à l'individu une certaine liberté sexuelle, dépassant les limites des rapports conjugaux, on s'exposait à le voir violer les liens consanguins et ne pas s'arrêter même devant l'inceste. A cela on peut objecter que les coutumes des Australiens impliquent des conditions sociales et des circonstances solennelles dans lesquelles le droit exclusif d'un homme sur une femme, considérée comme son épouse légitime, est méconnu.

Le langage de ces tribus australiennes [5] présente une particularité qui est certainement en rapport avec ce fait. Les désignations de parenté notamment dont elles se servent se rapportent aux relations, non entre deux individus, niais entre un individu et un groupe; d'après l'expression de M. L. H. Morgan, ces désignations forment un système « classificateur ». Ceci signifie qu'un homme appelle *père non* seulement celui qui l'a engendré, mais aussi tout homme qui, d'après les coutumes de la tribu, aurait pu épouser sa mère et devenir son père; il appelle *mère* toute femme qui, sans enfreindre les coutumes de la tribu, aurait pu devenir réellement sa mère; il appelle *frères* et *sœurs* non seulement les enfants de ses véritables parents, mais aussi les enfants de toutes les autres personnes qui auraient pu être ses parents, etc. Les noms de parenté que deux Australiens s'accordent réciproquement ne désignent donc pas nécessairement une parenté de sang, comme c'est le cas dans notre langage à nous; ils désignent moins des rapports physiques que des rapports sociaux. Nous trouvons quelque chose qui se rapproche de ce système classificateur dans nos *nursery où* les enfants saluent comme des « oncles » et des « tantes » tous les amis et toutes les amies de leurs parents, ou bien encore nous employons les mêmes désignations dans un sens figuré, lorsque nous parlons de « frères en Apollon », de « sœurs en Christ ».

L'explication de ces expressions qui nous paraissent si bizarres se dégage facilement, lorsqu'on les considère comme des survivances et des caractères de l'institution que le révérend L. Fison a appelée « mariage de groupe » et en vertu de laquelle un certain nombre d'hommes exercent des droits conjugaux sur un certain nombre de femmes. Les enfants issus de ce mariage de groupe doivent naturellement se considérer les uns les autres comme frères et sœurs, bien qu'ils puissent ne pas avoir tous la même mère, et considérer tous les hommes du groupe comme leurs pères.

Bien que certains auteurs, comme Westermarck, par exemple, dans son *Histoire du mariage humain* [6], refusent d'admettre les conséquences que d'autres ont tirées des noms désignant les parentés de groupe, les auteurs qui ont le plus étudié les sauvages australiens s'accordent à voir dans les noms de parenté classificateurs une survivance de l'époque où le mariage de groupe était en vigueur. Et d'après Spencer et Gillen [7], une certaine forme de mariage de groupe existerait encore aujourd'hui dans les tribus des Urabunna et des Dieri. Le mariage de groupe a donc précédé chez ces peuples le mariage individuel et n'a pas disparu sans laisser des traces dans le langage et dans les coutumes.

Mais si nous mettons à la place du mariage individuel le mariage de groupe, la rigueur en apparence excessive de la prohibition de l'inceste que nous constatons chez ces peuples devient concevable. L'exogamie totémique, la prohibition de rapports sexuels entre membres du même clan, apparaît comme le moyen le plus propre à empêcher l'inceste de groupe, moyen qui a été établi et adopté à cette époque-là et a survécu pendant longtemps aux raisons qui l'ont fait naître.

Si nous croyons ainsi avoir compris les raisons des restrictions matrimoniales existant chez les sauvages de l'Australie, nous devons savoir aussi que les conditions réelles présentent une complexité beaucoup plus grande, à première vue inextricable. Il n'existe notamment que peu de tribus australiennes qui ne connaissent pas d'autre prohibition que celle déterminée par les limites totémiques. La plupart sont organisées de telle sorte qu'elles se subdivisent d'abord en deux sections qu'on appelle classes matrimoniales (les *phratries* des auteurs anglais). Chacune de ces classes est exogamique et se compose d'un certain nombre de groupes totémiques. Généralement, chaque classe se subdivise encore en deux sous-classes (sous-phratries), toute la tribu se composant ainsi de quatre sous-classes; il en résulte que les sous-classes occupent une place intermédiaire entre les phratries et les groupes totémiques.

Le schéma typique, très souvent réalisé, de l'organisation d'une tribu australienne peut donc être représenté ainsi :

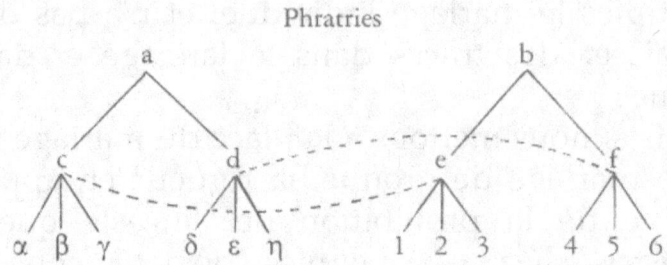

Les douze groupes totémiques sont réunis en quatre sous-classes et deux classes. Toutes les subdivisions sont exogamiques [8]. La sous-classe *c* forme une unité exogamique avec la sous-classe *e*, la sous-classe d avec la sous-classe *f*. Le résultat obtenu par ces institutions et, par conséquent, leur tendance ne sont donc pas douteux: elles servent à introduire une nouvelle limitation du choix matrimonial et de la liberté sexuelle. S'il n'y avait que les douze groupes totémiques, chaque membre d'un groupe (à supposer que chaque groupe se compose du même nombre d'individus) pourrait choisir entre les onze douzièmes des femmes de la tribu. L'existence des deux phratries limite le nombre des femmes, sur lesquelles peut porter le choix de chacun, à six douzièmes, c'est-à-dire à la moitié. Un homme appartenant au totem *a* ne peut épouser qu'une femme faisant partie des groupes 1-6. L'introduction des deux sous-classes fait baisser le choix, en le limitant à trois douzièmes, c'est-à-dire au quart : un homme ayant le totem ne peut choisir sa femme que parmi celles ayant le totem 4, 5, 6.

Les rapports historiques existant entre les classes matrimoniales, dont certaines tribus comptent jusqu'à huit, et les groupes totémiques ne sont pas encore élucidés. On voit seulement que ces institutions poursuivent le même but que l'exogamie totémique et cherchent même à aller au-delà. Mais alors que l'exogamie totémique présente toutes les apparences d'une institution sacrée, née on ne sait comment, donc d'une coutume, l'institution compliquée des classes matrimoniales, avec leurs subdivisions et les conditions qui s'y rattachent, semble être le produit d'une législation consciente et intentionnelle qui se serait proposé de renforcer la prohibition de l'inceste, probablement parce que l'influence totémique avait commencé à faiblir. Et alors que le système totémique forme, ainsi que nous le savons, la base de toutes les autres obligations sociales et restrictions morales de la tribu, le rôle de la phratrie se borne, en général, à la seule réglementation du choix matrimonial.

Au cours du développement ultérieur du système des classes matrimoniales, apparaît la tendance à étendre la prohibition qui frappe l'inceste naturel et l'inceste de groupe aux mariages entre parents de groupe plus éloignés; c'est ainsi d'ailleurs qu'a procédé l'église catholique, lorsqu'elle a étendu la prohibition qui frappait les mariages entre frères et sœurs aux mariages entre cousins et, pour justifier sa mesure, a inventé des degrés de parenté spirituels [9].

Nous n'avons aucun intérêt à chercher à nous orienter dans les discussions compliquées et dépourvues de clarté qui se sont poursuivies concernant l'origine et la signification des classes matrimoniales, ainsi que leurs rapports avec le totem. Il nous suffit de relever avec quel grand soin les Australiens et d'autres peuples sauvages veillent à la prohibition de l'inceste [10]. Nous pouvons même dire que ces sauvages sont plus scrupuleux sous ce rapport que nous-mêmes. Il est possible qu'étant davantage sujets aux tentations ils aient besoin d'une protection plus efficace contre celles-ci.

Mais la phobie de l'inceste, qui caractérise ces peuples ne s'est pas contentée de créer les institutions que nous venons de décrire et qui nous paraissent dirigées principalement contre l'inceste de groupe. Nous devons ajouter toute une série de « coutumes » qui, destinées à empêcher les rapports sexuels individuels entre proches parents, à l'instar de ce qui se passe chez nous, sont observées avec une rigueur religieuse. Le but que poursuivent ces coutumes n'est guère douteux. Les auteurs anglais les désignent sous le nom d'*avoidances* (ce qui doit être évité). Elles sont répandues bien au delà des peuples totémiques australiens. Je prierai seulement ici le lecteur de se contenter de quelques extraits fragmentaires des abondants documents que nous possédons sur ce sujet.

En Mélanésie, ces prohibitions restrictives visent les rapports du fils avec la mère et les sœurs. C'est ainsi qu'à Lepers Island, une des îles des Nouvelles-Hébrides, le garçon, lorsqu'il a atteint un certain âge, quitte le toit maternel et s'en va demeurer dans la maison commune (club) où il couche et prend ses repas. Il peut encore visiter sa maison, pour venir y réclamer sa nourriture ; mais lorsque sa sœur y est présente, il doit s'en aller, sans avoir mangé ; lorsqu'aucune de ses sœurs n'est présente, il doit prendre son repas, assis près de la porte. Si, hors de la maison, frère et sœur se rencontrent par hasard, celle-ci doit se sauver ou se cacher. Lorsque le garçon reconnaît sur le sable les traces des pas de l'une de ses sœurs, il ne doit pas les suivre. La même prohibition s'applique à la sœur. Le garçon ne doit même pas prononcer le nom de sa sœur et à doit se garder de prononcer un mot du langage courant, lorsque ce mot fait partie du nom de sa sœur.

Cette prohibition, qui entre en vigueur lors de la cérémonie de la puberté, doit être observée toute la vie durant. L'éloignement entre une mère et son fils augmente avec les années, la réserve observée par la mère étant toutefois plus grande que celle imposée au fils. Lorsqu'elle lui apporte quelque chose à manger, elle ne lui remet pas les aliments directement, mais les dépose devant lui; elle ne lui parle jamais familièrement, mais lui dit « vous », en s'adressant à lui, au lieu de « tu » (il s'agit, bien entendu, de mots correspondant à notre « vous » et à notre « tu »). Les mêmes coutumes sont en vigueur en Nouvelle-Calédonie. Lorsqu'un frère et une sœur se rencontrent, celle-ci se cache dans les buissons, et lui passe, sans se retourner vers elle [11].

Dans la presqu'île des Gazelles, en Nouvelle-Bretagne, une sœur, une fois mariée, ne doit plus adresser la parole à son frère; au lieu de prononcer son nom, elle doit le désigner par une périphrase [12].

Dans le Nouveau-Mecklembourg, la même prohibition s'applique, non seulement à frère et sœur, mais aussi à cousin et cousine. Ils ne doivent ni se rapprocher l'un de l'autre, ni se donner la main, ni se faire des cadeaux; lorsqu'ils veulent se parler, ils doivent le faire à la distance de quelques pas. L'inceste avec la sœur est puni parla pendaison [13].

Aux îles Fidji ces prohibitions sont particulièrement rigoureuses; elles s'appliquent non seulement aux parents par le sang, mais aussi aux frères et sœurs de groupe. Nous sommes d'autant plus étonnés d'apprendre que ces sauvages connaissent des orgies sacrées, au cours desquelles s'accomplissent précisément les unions sexuelles les plus frappées de prohibition. Mais nous pouvons aussi, au lieu de trouver cette contradiction étonnante, l'utiliser pour l'explication même de la prohibition [14].

Chez les Battas, de Sumatra, les prohibitions s'étendent à tous les degrés de parenté un peu proches. Ce serait, par exemple, une très grande inconvenance, si un Batta accompagnait sa sœur dans une réunion. Un frère Batta se sent mal à l'aise dans la société de sa sœur, même en présence d'autres personnes. Lorsqu'un frère entre dans la maison, la sœur ou les sœurs préfèrent s'en retirer. De même un père ne restera jamais en tête-à-tête avec sa fille, ou une mère avec son fils. Le missionnaire hollandais, qui relate ces mœurs, ajoute qu'il doit malheureusement les trouver justifiées. Il est admis chez ce peuple qu'un tête-à-tête entre un homme et une femme doit fatalement aboutir à une intimité indue, et comme ces gens doivent s'attendre aux pires châtiments et aux plus graves conséquences, lorsqu'ils se rendent coupables de relations sexuelles avec de proches parents, il est naturel qu'ils songent à se préserver par des prohibitions de ce genre de toute tentation possible [15].

Chez les Barongo de la baie de Delagoa, en Afrique, les précautions les plus sévères sont imposées à l'homme à l'égard de sa belle-sœur, c'est-à-dire de la femme du frère de sa propre femme. Lorsqu'un homme rencontre quelque part cette personne, dangereuse pour lui, il l'évite soigneusement. Il n'ose pas manger du même plat qu'elle, il ne lui parle qu'en tremblant, il ne se décide pas à s'approcher de sa cabane et la salue d'une voix à peine perceptible [16].

Chez les Akamba (oit Wakamba) de l'Est africain anglais, il existe une prohibition qu'on s'attendrait à trouver plus fréquemment. Pendant la période comprise entre la puberté et le mariage, une jeune fille doit obstinément éviter son père. Elle se cache, lorsqu'elle le rencontre dans la rue, ne cherche jamais à s'asseoir à côté de lui et se comporte ainsi jusqu'aux fiançailles. À partir du jour où elle est mariée, les rapports entre elle et le père deviennent libres [17].

La prohibition la plus répandue, la plus sévère et la plus intéressante, même pour les peuples civilisés, est celle qui porte sur les relations entre le gendre et la belle-mère. Elle existe chez tous les peuples australiens, mais on la constate aussi chez les peuples mélanésiens, polynésiens et chez les nègres de l'Afrique, partout où l'on retrouve les traces du totémisme et de la parenté de groupe, et peut-être même ailleurs. Chez quelques-uns de ces peuples on trouve des prohibitions analogues concernant les relations anodines entre une femme et son beau-père, mais ces prohibitions sont moins constantes et sérieuses que celles citées plus haut. Dans certains cas isolés, il est recommandé d'éviter les deux beaux-parents.

Comme, en ce qui concerne la prohibition touchant les relations entre belle-mère et gendre, le détail des faits nous intéresse moins que le sens de la prohibition, je vais me borner ici encore à ne citer que quelques exemples.

Aux îles Banko, ces prohibitions sont très sévères et d'une cruelle rigueur. Un gendre et une belle-mère doivent éviter de se trouver à proximité l'un de l'autre. Lorsque, par hasard, ils se rencontrent sur un chemin, la belle-mère doit s'écarter et tourner le dos jusqu'à ce que le gendre l'ait dépassée, ou inversement.

À Vanna Lava (Port Patterson), un gendre ne mettra pas les pieds sur la, plage, après le passage de sa, belle-mère, avant que la marée n'ait fait disparaître dans le sable la trace des pas de celle-ci. Ils ne doivent se parler qu'à distance, et il est bien entendu qu'il ne doivent pas prononcer le nom l'un de l'autre [18].

Aux îles Salomon, l'homme une fois marié, ne doit plus voir sa belle-mère ni lui parler. Lorsqu'il la rencontre, il feint de ne pas la connaître et se met à courir aussi vite que possible, pour se cacher [19].

Chez les Zoulous, la coutume exige que l'homme ait honte de sa belle-mère et qu'il fasse tout son possible pour fuir sa société. Il n'entre pas dans la cabane lorsqu'elle s'y trouve et, lorsqu'il la rencontre, l'un l'autre se cache derrière un buisson, l'homme son bouclier devant son visage. Lorsqu'ils ne peuvent s'éviter, la femme, pour se conformer au cérémonial, noue autour de sa tête une touffe d'herbes. Les relations entre eux sont assurées par une tierce personne, ou bien ils se parlent à haute voix lorsqu'ils sont séparés par un obstacle naturel. Aucun d'eux ne doit prononcer le nom de l'autre [20].

Chez les Basoga, tribu nègre habitant dans la région des sources du Nil, un homme ne peut parler à sa belle-mère que lorsqu'elle se trouve dans une autre pièce de la maison et qu'il ne la voit pas. Ce peuple a d'ailleurs l'inceste tellement en horreur qu'il le punit même chez les animaux domestiques [21].

Alors que l'intention et la significations des autres prohibitions concernant les rapports entre parents ne soulèvent pas le moindre doute, ces prohibitions étant conçues par tous les observateurs comme des mesures de Préservation contre l'inceste, il n'en est pas de même des interdictions ayant pour objet les relations avec la belle-mère, certains auteurs ayant donné de cette interdiction une interprétation toute différente. On a, et avec raison, trouvé inconcevable que tous ces peuples manifestent une si grande crainte devant la tentation personnifiée par une femme âgée qui, sans être la mère de l'homme en question, pourrait cependant le traiter comme son fils [22].

La même objection a été adressée à la conception de Fison qui a attiré l'attention sur les lacunes existant dans certains systèmes de classes matrimoniales et consistant en ce que ces systèmes ne rendent pas théoriquement impossibles les mariages entre gendres et belles-mères, de sorte qu'il a fallu édicter une mesure d'assurance spéciale contre cette possibilité.

Sir John Lubbock (dans son ouvrage: *Origin of Civilisation*) fait remonter au « rapt » primitif *(mariage by* capture) cette attitude de la belle-mère à l'égard du gendre. « Tant que le rapt de femmes existait réellement, l'exaspération des parents devait être sérieuse. Mais lorsque de cette forme de mariage ne sont plus restés que les symboles, l'exaspération des parents a été symbolisée à son tour, et la coutume dont nous nous occupons a persisté, après même que son origine eût été oubliée. » Il a été facile à Crawley de montrer que cet essai d'explication ne tient pas compte de l'observation des faits eux-mêmes.

E. B. Tylor pense que l'attitude de la belle-mère à l'égard du gendre n'est qu'une forme de la « non-reconnaissance » (cutting) de ce dernier par la famille de sa femme. L'homme est considéré comme un étranger, jusqu'à la naissance du premier enfant. Même si l'on fait abstraction des cas où la réalisation de cette dernière condition ne fait pas lever la prohibition, l'interprétation de Tylor présente encore un autre défaut : elle n'explique pas qu'on ait eu besoin de fixer d'une manière précise la nature des relations entre gendre et belle-mère ; elle laisse, par conséquent, de côté le facteur sexuel et ne tient pas compte de l'élément sacré de la crainte qui s'exprime dans la prohibition des rapports en question [23].

Une femme zoulou, questionnée sur les raisons de cette interdiction, a donné cette réponse, dictée par un sentiment de délicatesse : « Il ne faut pas qu'il voie les seins qui ont nourri sa femme » [24].

On sait que même chez les peuples civilisés les ports entre gendre et belle-mère constituent un des côtés scabreux de l'organisation familiale. Certes, il n'existe, chez les peuples blancs de l'Europe et l'Amérique, aucune prohibition concernant ces rapports, mais beaucoup de conflits et d'ennuis seraient évités si des prohibitions de ce genre existaient encore dans les mœurs, sans que tel ou tel individu se trouve obligé de les édicter pour son usage personnel. Plus d'un Européen sera porté à voir un acte de haute sagesse dans le fait que les peuples sauvages ont, par leurs prohibitions, rendu d'avance impossible une entente entre ces deux personnes si étroitement apparentées. Il est à peu près certain qu'il existe, dans situation psychologique du gendre et de la belle-mère, quelque chose qui favorise l'hostilité entre eux et rend difficile leur vie en commun. Le fait que chez les peuples civilisés les rapports entre gendre et belle-mère constituent généralement l'objet préféré de plaisanteries et de railleries serait une preuve qu'il entre, dans leurs relations affectives, des éléments d'opposition tranchée. A mon avis, il s'agit là de relations « ambivalentes », se composant à la fois d'éléments affectueux et d'éléments hostiles.

Certains de ces sentiments sont faciles à expliquer de la part de la belle-mère, il y a le regret de se séparer de sa fille, la méfiance à l'égard de l'étranger auquel celle-ci est livrée, la tendance à imposer, malgré tout, son autorité, comme elle le l'ait dans sa propre maison. De la part du gendre, il y a la décision de ne plus se soumettre à aucune volonté étrangère, la jalousie à l'égard des personnes qui, avant lui, avaient joui de la tendresse de sa femme et, last *not least,* le désir de ne pas se laisser troubler dans son illusion qui lui fait accorder une valeur exagérée aux qualités de sa jeune femme. Dans la plupart des cas, c'est la belle-mère qui vient dissiper cette illusion, car tout en lui rappelant sa femme par de nombreux traits qu'elle a en commun avec elle, elle manque de cette beauté, de cette jeunesse et de cette fraîcheur d'âme qui lui font tant apprécier la fille.

La connaissance de sentiments cachés que nous devons à l'examen psychanalytique des hommes nous permet d'ajouter d'autres motifs à ceux que nous venons d'énumérer. Si les besoins psycho-sexuels de la femme trouvent leur satisfaction dans le mariage et dans la vie de famille, elle n'en est pas moins constamment menacée du danger d'insatisfaction provenant de l'arrêt prématuré des relations conjugales et du vide affectif qui peut en résulter. La mère qui vieillit se préserve de ce danger par l'identification avec ses enfants, par la part active qu'elle prend à leur vie affective. On dit que les parents rajeunissent auprès de leurs enfants; c'est là en effet un des avantages les plus précieux que ceux-là doivent à Ceux-ci. La femme stérile se trouve ainsi privée de l'une des meilleures consolations et compensations pour les privations auxquelles elle doit se résigner dans sa vie conjugale. Cette identification affective avec la fille va chez certaines mères jusqu'à partager avec celle-ci l'amour qu'elle éprouve pour son mari, ce qui, dans les cas les plus aigus, aboutit, à la suite de la violente résistance psychique que la mère oppose à ce sentiment, à des formes de névrose graves. Toutefois, on observe fréquemment chez la belle-mère l'existence d'un sentiment amoureux à l'égard du gendre, sentiment qui, soit sous sa forme réelle, soit sous la forme d'une tendance opposée, participe à la lutte que se livrent les différentes forces psychiques de cette femme. Il arrive fréquemment que c'est précisément l'élément haineux, sadique qu'elle manifeste à l'égard du gendre, afin de réprimer d'autant plus sûrement ce qu'elle éprouve pour lui de tendresse condamnable.

Chez l'homme, l'attitude à l'égard de la belle-mère se complique de sentiments analogues, mais provenant d'autres sources. Le chemin du choix de l'objet l'a conduit, de l'image de sa mère et, peut-être, aussi de celle de sa sœur, à son objet actuel; fuyant toute pensée et intention incestueuses, il transfère son amour, ses préférences, si l'on veut, des deux personnes chères à son enfance, à une personne étrangère, faite à leur image. C'est la belle-mère qui vient prendre la place de sa propre mère et de la mère de sa sœur; il sent naître et grandir en lui la tendance à se replonger dans l'époque de ses premiers choix amoureux; mais tout en lui s'oppose à cette tendance. L'horreur qu'il a de l'inceste exige qu'il ne se souvienne pas de la généalogie de son choix amoureux; l'existence réelle et actuelle de la belle-mère, qu'il n'a pas connue depuis son enfance et dont il n'a par conséquent pas gardé l'image dans son inconscient, lui rend la résistance facile. Une certaine nuance d'irritation et de haine que nous discernons dans la complexité de ses sentiments nous permet de supposer que la belle-mère représente réellement pour le gendre une tentation incestueuse; et, d'autre part, il arrive fréquemment qu'un homme tombe amoureux de sa future belle-mère, avant de transférer son inclination à la fille.

Rien, à mon avis, ne nous empêche d'admettre que c'est ce l'acteur incestueux qui a motivé chez les sauvages les prohibitions portant sur les relations entre gendre et belle-mère. C'est ainsi qu'en ce qui concerne ces prohibitions, si rigoureusement observées par ces peuples primitifs, nous préférerions l'opinion exprimée en premier lieu par Fison, opinion qui ne voit dans les prescriptions dont il s'agit qu'une protection contre l'inceste possible. On pourrait en dire autant de toutes les autres prohibitions portant sur les relations entre parents de sang ou par alliance. Il n'y aurait que cette seule différence que, dans le premier cas, l'inceste étant direct, l'intention préservatrice pourrait être consciente, tandis que dans le deuxième, qui comprend également les relations de gendre à belle-mère, l'inceste ne serait qu'une tentation imaginaire, aux phases intermédiaires inconscientes.

Dans ce qui précède nous n'avons guère eu l'occasion de montrer en quoi l'application de la méthode psychanalytique modifie notre manière d'envisager les faits de la psychologie des peuples : c'est que la phobie de l'inceste, qui existe chez les sauvages, est depuis longtemps connue comme telle et n'a pas besoin d'interprétation ultérieure. Tout ce que nous pouvons ajouter à la conception régnante, c'est que la crainte de l'inceste constitue un trait essentiellement infantile et s'accorde d'une façon étonnante avec ce que nous savons de la vie psychique des névrosés. La psychanalyse nous a montré que le premier objet sur lequel se porte le choix sexuel du jeune garçon est de nature incestueuse, condamnable, puisque cet objet est représenté par la mère ou par la sœur, et elle nous a montré aussi la voie que le garçon suit, à mesure qu'il grandit, pour se soustraire a l'attrait de l'inceste. Or, chez le névrosé nous trouvons régulièrement des restes considérables d'infantilisme psychique, soit parce qu'il n'a pas été capable de s'affranchir des conditions infantiles de la psycho-sexualité, soit parce qu'il y est retourné (arrêt de développement ou régression). C'est pourquoi les fixations incestueuses de la *libido* jouent de nouveau ou jouent encore le rôle principal dans sa vie psychique inconsciente. Nous sommes ainsi amenés à voir dans l'attitude incestueuse à l'égard des parents le *complexe central* de la névrose. Cette conception du rôle de l'inceste dans la névrose se heurte naturellement à l'incrédulité générale des hommes adultes et normaux; la même fin de non-recevoir sera, par exemple, opposée aux travaux de Otto Rank qui ont montré sur une vaste échelle le rôle que l'inceste joue dans les créations poétiques et quelle richesse de matériaux ses innombrables variations, et déformations offrent à la poésie. Nous sommes obligés d'admettre que cette résistance découle surtout de la profonde aversion que l'homme éprouve pour ses désirs incestueux d'autrefois, aujourd'hui complètement et profondément refoulés. Aussi n'est-il pas sans importance de pouvoir montrer que les peuples sauvages éprouvent encore d'une façon dangereuse, au point de se voir obligés de se défendre contre eux par des mesures excessivement rigoureuses, les désirs incestueux destinés à se perdre un jour dans l'inconscient.

---

1. Frazer, *Totemism and Exogamy, vol. 1, p. 53* : « Le lien créé par le totem est plus fort que le lien de sang ou de famille, au sens moderne du mot ».
2. Ce résumé très succinct du système totémique appelle quelques éclaircissements et réserves. Le mot totem a été introduit, sous la forme *Totam,* en 1791, par l'Anglais J. Long, qui l'a emprunté aux Peaux-Rouges de l'Amérique du Nord. L'objet lui-même à peu à peu éveillé dans la science un vif intérêt et provoqué d'abondants travaux, parmi lesquels je citerai surtout l'ouvrage capital, en quatre volumes, de J. G. Frazer, *Totemism and Exogamy (1910)* et les ouvrages et travaux

d'Andrew Lang (dont le principal est *The Secret of the* Totem, 1905). C'est à l'Écossais J. Ferguson Mc Lennan (1869-1870) que revient le mérite d'avoir reconnu l'importance du totémisme pour l'histoire de l'humanité primitive. Des institutions totémiques ont été trouvées et sont encore trouvées aujourd'hui, outré chez les Australiens, chez les Indiens de l'Amérique du Nord, chez les peuples de l'archipel océanien, dans l'Inde Orientale et chez beaucoup de peuples de l'Afrique. Mais certaines traces et survivances, difficiles à interpréter, permettent de supposer que le totémisme a existé également chez les peuples aï-yens et sémitiques primitifs de l'Europe et de l'Asie, de sorte que beaucoup de savants sont portes à voir dans le totémisme une phase nécessaire et universelle du développement humain.

Comment les hommes primitifs en sont-ils venus à, se donner un totem, c'est-à-dire à mettre à la base de leurs obligations sociales et, ainsi que nous le verrons plus tard, de leurs restrictions sexuelles leur descendance de tel ou tel animal ? Il existe là-dessus de nombreuses théories dont on trouvera une revue dans la *Völkerpsychologie,* de Wundt (vol. II : « *Mythus und Religion* »), *ont* l'accord ne semble pas près de se réaliser entre elles. Je me propose de soumettre le problème du totémisme à une étude spéciale, en faisant appel à la méthode psychanalytique (voir le chapitre IV de cet ouvrage).

S'il y a des divergences portant sur l'explication théorique du totémisme, ou peut dire aussi que les faits dont il se compose ne se laissent guère énoncer à l'aide de propositions générales, ainsi (lue nous venons de l'essayer. Il n'est pas une interprétation qui ne comporte des exceptions et des objections. Mais on ne doit pas oublier que même les peuples les plus primitifs et les plus conservateurs sont, dans un certain sens, des peuples vieux et ont derrière eux un long passé, au cours duquel ce qui était chez eux primitif a subi un développement et une déformation considérables. C'est ainsi que chez les peuples qui présentent encore aujourd'hui le totémisme, on le trouve sous les aspects les plus variés de décomposition, de morcellement, de transition à d'autres institutions sociales et religieuses, ou encore nous des formes stationnaires, mais qui doivent s'écarter considérablement de sa forme primitive. Il en résulte qu'on est toujours embarrassé de dire ce qui, dans la situation actuelle, représente la fidèle image d'un passé vivant et ce qui n'en constitue qu'une déformation secondaire.

3. Frazer, l. c., vol. I, p. 54.
4. Cette prohibition n'empêche cependant pas le père, qui est kangourou, d'avoir des rapports incestueux avec ses filles, qui sont émou. Dans la transmission paternelle du totem, le père et les enfants seraient kangourou; le père ne pourrait pas

avoir de rapporte incestueux avec ses filles, mais le fils pourrait en avoir avec la mère. Ces conséquences des prohibitions totémiques montrent que l'hérédité maternelle est plus ancienne que l'hérédité paternelle, car nous avons plus d'une raison d'admettre que ces prohibitions visent surtout les impulsions incestueuses du fils.

5. Ainsi que de la plupart des peuples totémiques.
6. *Geschichte der menschlichen Ehe*, 2e édit., *1902*.
7. *The Native Tribes of Central Australia*, London, 1899.
8. Le nombre des totem est choisi arbitrairement.
9. Article Totemism dans « Encyclopedia Britannica », 11e édit., 1911 (A. Lang).
10. Storfer a tout particulièrement attiré l'attention sur ce point dans une récente étude : Zur *Sonderstellunq des Vatermordes* (« Schriften zur angewandten Seelenkunde », 12 Sept. Wien, 1911).
11. R. H. Codrington, *The Melanesians*, in Frazer : Totemism *and Exogamy, vol. I, p. 77.*
12. Frazer, l. c., p. 124, d'après Kleintitchen : Die *Küsten-Bewohner der Gazellen-Halbinsel.*
13. Frazer, l. c., II, p. 131, d'après P.-G. Peckel, dans *Anthropos, 1901.*
14. Frazer, l. c., II, p. 141, d'après le rév. L. Fison.
15. Frazer, l. *c., II, p. 189.*
16. Frazer, l. c., II, *11.* 388, d'après Junod.
17. Frazer, l. c., II, p. 424.
18. Frazer, l. c., II, p. 76.
19. Frazer, l. c., II, p. 117, d'après C. Ribbe : Zwei Jahre unter den *Kannibalen der Salomon-inseln (1905).*
20. Frazer, l. c., *II, p. 385.*
21. Frazer, l. c., p. 461.
22. Crawley, The mystic rose, p. 405 » London, 1902.
23. Crawley, l. c., p. 401.
24. Crawley, l. c., *p. 401, d'après Leslie : Among the Zulus and Amatongas.*

LE TABOU ET L'AMBIVALENCE DES SENTIMENTS

LE TABOU ET L'AMBIVALENCE DES SENTIMENTS - I

T*abou* est un mot polynésien, dont la traduction présente pour nous des difficultés, parce que nous ne possédons plus la notion qu'il désigne. Il était encore familier aux anciens Romains; leur sacer était identique au tabou des Polynésiens. L'[mot en grec dans le texte] des Grecs, le *Kodausch* des Hébreux devaient avoir le même sens que le tabou des Polynésiens et les désignations analogues chez beaucoup d'autres peuples de l'Amérique, de l'Afrique (Madagascar), du Nord et du Centre de l'Asie.

Pour nous, le tabou présente deux significations opposées : d'un côté, celle de sacré, consacré; de l'autre, celle d'inquiétant, de *dangereux, d'interdit*, d'impur. En polynésien, le contraire de tabou se dit *noa*, ce qui est ordinaire, accessible à tout le monde. C'est ainsi qu'au tabou se rattache la notion d'une sorte de réserve, et le tabou se manifeste essentiellement par des interdictions et restrictions. Notre expression *terreur* sacrée rendrait souvent, le sens de tabou. Les restrictions tabou sont autre chose que des prohibitions purement morales ou religieuses. Elles ne sont pas ramenées a un commandement divin, mais se recommandent d'elles-mêmes. Ce qui les distingue des prohibitions morales, c'est qu'elles ne font pas partie d'un système considérant les abstentions comme nécessaires d'une façon générale et donnant les raisons de cette nécessité. Les prohibitions tabou ne se fondent sur aucune raison; leur origine est inconnue; incompréhensibles pour nous, elles paraissent naturelles à ceux qui vivent sous leur empire.

Wundt [1] dit que le tabou représente le code non écrit le plus ancien de l'humanité. Il est généralement admis que le tabou est plus ancien que les dieux et remonte à une époque antérieure à toute religion.

Comme nous avons besoin d'une description impartiale du tabou, si nous voulons le soumettre à un examen psychanalytique, je citerai un extrait de l'article Taboo de l' « Encyclopedia Britannica [2] », article ayant pour auteur l'anthropologiste Northcote W. Thomas.

« Rigoureusement parlant, tabou comprend dans sa désignation : a) le caractère sacré (ou impur) de personnes ou de choses; b) le mode de limitation qui découle de ce caractère et c) les conséquences sacrées (ou impures) qui résultent de la violation de cette interdiction. Le contraire de tabou se dit en polynésien *noa*, commun, ordinaire...

« Envisasé à un point de vue plus vaste, tabou présente plusieurs variétés : 1° un tabou naturel ou direct, qui est le produit d'une force mystérieuse (*Mana*) attachée à une personne ou à une chose; 2° un tabou *trans*mis ou indirect, émanant de la même force, mais qui est ou a) acquis ou b) emprunté à un prêtre, à un chef, etc., etc.; enfin, 3° un tabou intermédiaire entre les deux premiers, se composant des deux facteurs précédents, comme, par exemple, dans l'appropriation d'une femme par un homme. Le mot tabou est encore appliqué à d'autres limitations rituelles, mais on ne devrait pas considérer comme tabou ce qui peut être rangé plutôt parmi les prohibitions religieuses.

« Les buts poursuivis par le tabou sont de plusieurs ordres. Les tabou directs ont pour but : a) de protéger des personnes éminentes, telles que chefs, prêtres, et des objets auxquels on attache une certaine valeur, contre tout préjudice possible; b) de protéger les faibles femmes, enfants, hommes en général, contre le puissant *Mana* (force magique) des prêtres et des chefs; c) de préserver des dangers qui découlent du contact avec des cadavres, de l'absorption de certains aliments, etc.; d) de prévenir les troubles pouvant être apportés dans l'accomplissement de certains actes importants de la vie : naissance, initiation des hommes, mariage, fonctions sexuelles, etc.; e) de protéger les êtres humains contre la puissance ou la colère de dieux et de démons [3] ; f) de protéger les enfants à naître ou les tout petits contre les divers dangers qui les menacent du Nit de la dépendance sympathique dans laquelle ils se trouvent par rapport à leurs parents, lorsque, par exemple, ceux-ci font certains actes ou mangent certains aliments dont l'absorption pourrait inspirer aux enfants certaines propriétés particulières. Un autre but du tabou consiste à protéger la propriété d'une personne, ses outils, son champ, etc., contre les voleurs.

« Le châtiment pour la violation d'un tabou était considéré primitivement comme se déclenchant automatiquement, en vertu d'une nécessité interne. Le tabou violé se venge tout seul. Quand des représentations de démons et de dieux, avec lesquels le tabou est mis en rapport, commencent à se former, on attend de la puissance de la divinité un châtiment automatique. Dans d'autres cas, à la suite probablement d'un développement ultérieur de la notion, c'est la société qui se charge de punir l'audacieux dont la faute met en danger ses semblables. C'est ainsi que le système de l'humanité, dans ses formes les plus primitives, se rattache au tabou.

« Celui qui a violé un tabou est, de ce fait, devenu tabou lui-même. Certains dangers découlant de la violation d'un tabou peuvent être conjurés à l'aide d'actes de pénitence et de cérémonies de purification.

« On voit la source du tabou dans une force magique particulière, inhérente aux personnes et aux esprits et pouvant se répandre dans toutes les directions par l'intermédiaire d'objets inanimés, On peut comparer les personnes et les choses tabou à des objets ayant reçu une charge électrique ; elles sont le siège d'une force terrible qui se communique par contact et dont le dégagement amène les conséquences les plus désastreuses, lorsque l'organisme qui provoque la décharge est trop faible pour lui résister. Les conséquences de la violation d'un tabou dépendent donc non seulement de l'intensité de la force magique, inhérente à l'objet tabou, mais aussi de l'intensité du *Mana qui, chez* l'impie, s'oppose à cette force. C'est ainsi, par exemple, que rois et prêtres possèdent une force extraordinaire, et ce serait la mort pour leurs sujets s'ils entraient en contact immédiat avec cette force; mais un ministre ou une autre personne, douée d'un *Mana* dépassant la moyenne, peut sans danger communiquer avec eux, et ces personnes intermédiaires peuvent se laisser approcher par leurs subordonnés sans danger pour ceux-ci, Le tabou transmis dépend aussi, en ce qui concerne son importance, du *Mana* de la personne dont il émane: un tabou transmis par un roi ou par un prêtre est plus efficace que celui venant d'un homme ordinaire. »

C'est précisément la transmissibilité du tabou qui a fait naître la croyance a la possibilité de l'écarter à l'aide de cérémonies d'expiation.

« Il y a des tabou permanents et des tabou passagers. Sont tabou permanents les prêtres et les chefs, ainsi que les morts et tout ce qui se rattache à eux. Les tabou passagers se rattachent à certains états, tels que la menstruation et les couches, l'état du guerrier avant et après l'expédition, la chasse et la pêche, etc. Il y a des tabou généraux *qui,* tel un interdit de l'Église, peuvent être suspendus sur une importante région et maintenus pendant des années ».

Je crois avoir deviné l'impression de mes lecteurs, en présumant qu'après avoir lu ces citations ils ne sont pas plus renseignés sur la nature du tabou et sur la place *qu'ils* doivent lui accorder dans leur pensée qu'ils ne l'étaient avant. Ceci tient certainement à l'insuffisance de mes informations et au fait que j'ai laissé de côté toutes les considérations relatives aux rapports existant entre le tabou, d'un côté, la superstition, la croyance à l'immortalité de l'âme, la religion, de l'autre. Mais je crains, d'autre part, qu'un exposé plus détaillé de ce que nous savons concernant le tabou ne serve qu'à compliquer davantage les choses qui, les lecteurs peuvent m'en croire, sont d'une obscurité désespérante. Il s'agit donc d'une série de limitations auxquelles ces peuples primitifs se soumettent; ils ignorent les raisons de telle ou telle interdiction et l'idée ne leur vient même pas de les rechercher; ils s'y soumettent comme à des choses naturelles et sont convaincus qu'une violation appellerait automatiquement sur eux le châtiment le plus rigoureux. Chacun connaît des cas authentiques oit une violation involontaire d'une prohibition de ce genre a été suivie effectivement d'un châtiment automatique. Le malfaiteur innocent qui a, par exemple, mangé de la chair d'un animal prohibé, tombe dans un état de profonde dépression, attend la mort et finit réellement par mourir. Les prohibitions portent pour la plupart sur les objets comestibles, sur la liberté des mouvements et des communications. Dans certains cas, elles paraissent rationnelles, visent à imposer des abstentions et des privations, dans d'autres leur contenu reste tout à fait incompréhensible, car elles portent sur des détails sans valeur, semblent ne constituer qu'une sorte de cérémonial. Toutes ces prohibitions semblent reposer sur une théorie, d'après laquelle elles seraient nécessaires, parce que certaines personnes et certaines choses possèdent une force dangereuse qui se transmet par contact, comme une contagion. Tel homme ou telle chose possède cette force à un degré plus prononcé que tel autre homme ou telle autre chose, et le danger est proportionnel à la différence qui existe entre les deux charges. Ce qu'il y a de plus bizarre dans tout cela, c'est que celui qui a eu le malheur de violer une de ces prohibitions, devient lui-même prohibé et interdit, comme s'il avait reçu la totalité de la charge dangereuse. Cette force est inhérente à toutes les personnes qui présentent quelque chose de particulier, aux rois, aux prêtres, aux nouveau-nés; elle est inhérente à tous les états quelque peu exceptionnels, tels que la menstruation, la puberté, la naissance; ou à des états mystérieux,. tels que la maladie, la mort, à tout ce qui est susceptible de se répandre et de semer la contagion.

Sont « tabou » toutes les personnes, toutes les localités, tous les objets et tous les états passagers qui possèdent cette mystérieuse propriété ou en sont la source. Est encore ce tabou » la prohibition motivée par cette propriété ; est enfin « tabou », au sens littéral du mot, tout ce qui est à la fois sacré, dépassant la nature des choses ordinaires, et dangereux, impur, mystérieux.

Ce mot et le système qu'il désigne expriment un ensemble de faits de la vie psychique dont le sens semble nous échapper. Nous sommes tentés de croire de prime abord que ces faits ne peuvent nous devenir intelligibles, tant que nous n'aurons pas examiné, d'un peu plus près la croyance aux esprits et aux démons, si caractéristique de ces cultures primitives.

Mais, au fait, en quoi cette énigme du tabou peut-elle nous intéresser? A mon avis, elle doit nous intéresser, non seulement parce que tout problème psychologique mérite qu'on cherche sa solution, mais pour d'autres raisons encore. Nous avons une vague idée que le tabou des sauvages de la Polynésie ne nous est pas aussi étranger que nous étions disposés à le croire tout d'abord; que les prohibitions, édictées par la coutume et par la morale, auxquelles nous obéissons nous-mêmes, se rapprochent, dans leurs traits essentiels, du tabou primitif et que l'explication de la nature propre du tabou pourrait projeter une certaine lumière sur l'obscure origine de notre propre « impératif catégorique ».

Aussi allons-nous écouter avec une attention d'autant plus tendue et un intérêt d'autant plus vif ce qu'un savant comme W. Wundt nous dira concernant sa manière de concevoir le tabou, dont il nous promet d'explorer jusqu'aux « racines dernières » [4].

La notion du tabou, dit Wundt, « embrasse tous les usages dans lesquels s'exprime la crainte inspirée par certains objets, en rapport avec les actes se rattachant à ces objets » [5].

Et ailleurs : « Si nous entendons par tabou, conformément au sens général du mot, toute prohibition, imposée par l'usage et la coutume ou formulée dans des lois, de toucher à un objet, de s'en emparer ou de se servir de certains mots défendus... », on peut dire qu'il n'existe pas de peuple, qu'il n'existe Pas de phase de culture qui ne reconnaissent les effets préjudiciables résultant de la violation du tabou.

Wundt explique ensuite pourquoi il lui paraît plus rationnel d'étudier la nature du tabou d'après les conditions primitives des sauvages australiens que d'après la culture supérieure des peuples polynésiens. Il range les prohibitions tabou des Australiens en trois classes, selon qu'elles se rapportent à des animaux, à des hommes ou à d'autres objets. Le tabou des animaux, qui consiste essentiellement dans la prohibition de les tuer et de les consommer, forme le noyau du totémisme [6]. Le tabou des hommes présente un caractère essentiellement différent. Il est limité d'avance à. des conditions exceptionnelles dans la vie de l'homme tabou. C'est ainsi que des adolescents sont tabou pendant la célébration de leur maturité, les femmes pendant la menstruation et immédiatement après les couches; sont encore tabou les enfants nouveau-nés, les malades et, surtout, les morts. De même, les objets dont un homme se sert constamment, ses habits, ses outils, ses armes sont, d'une façon permanente, tabou pour tous les autres. Le nouveau nom qu'un garçon reçoit au moment de son initiation à la maturité constitue en Australie sa propriété la plus personnelle : aussi ce nom doit-il être tenu secret. Les tabou de la troisième catégorie, c'est-à-dire ceux qui se rapportent à des arbres, des plantes, des maisons, des localités, sont plus variables et ne semblent soumis qu'à une règle : est tabou tout ce qui, pour une raison quelconque, inspire la crainte ou l'inquiétude.

En ce qui concerne les modifications que le tabou a subies dans la culture plus riche des Polynésiens et de l'archipel malais, Wundt lui-même reconnaît qu'elles ne sont pas profondes. La différenciation sociale plus prononcée de ces peuples se manifeste en ce que chefs, rois et prêtres exercent un tabou particulièrement efficace et subissent eux-mêmes le plus fortement la contrainte du tabou.

Mais les sources véritables du tabou doivent être cherchées plus profondément que dans les intérêts des classes privilégiées : « le tabou provient de, la même source que les instincts les plus primitifs et les plus durables de l'homme. *de la crainte de l'action de forces démoniaques* [7] ». « N'étant primitivement que la crainte, devenue objective, de. la puissance démoniaque, supposée cachée dans l'objet tabou, le tabou défend d'irriter cette puissance et ordonne, toutes les fois qu'il a été violé, sciemment ou non, d'écarter la vengeance du démon ».

Peu à peu le tabou devient une puissance indépendante, distincte du démonisme. Il devient la contrainte imposée par la tradition et la coutume et, en dernier lieu, par la loi. « Mais le commandement qui se dissimule, inexprimé, derrière les prohibitions tabou variant d'une localité à l'autre et d'une époque à l'autre est, au début, celui-ci : évite la colère des démons ».

Wundt nous apprend ainsi que le tabou est une expression et une conséquence de la croyance des peuples primitifs aux Puissances démoniaques. Ultérieurement, le tabou se serait détaché de cette racine et ne serait resté une puissance qu'en vertu d'une sorte d'inertie psychique; ainsi le tabou serait même la racine de nos propres prescriptions morales et de nos propres lois. Bien que la première de ces propositions ne soit guère de nature à soulever des objections, je ne crois pas être en désaccord avec un grand nombre de mes lecteurs en déclarant que l'explication donnée par Wundt nous laisse déçus. Expliquer le tabou de la sorte, ce n'est pas remonter à la source même des représentations tabou et montrer ses racines dernières. Ni l'angoisse ni les démons ne peuvent être considérés en psychologie comme causes premières. Il faut remonter plus loin encore. Il en serait autrement, si les démons avaient une existence réelle; mais nous savons que, tout comme les dieux, ils sont des créations des forces psychiques de l'homme, et il s'agît de connaître leur provenance et la substance dont ils sont faits.

Sur la double signification du tabou, Wundt exprime des idées intéressantes, mais qui laissent à désirer au point de vue de la clarté. Il pense que dans la phase primitive du tabou, il n'existe pas encore de séparation entre *sacré* et impur. C'est pourquoi ces notions n'existent pas avec la signification qu'elles n'ont pu revêtir que plus tard, par suite de l'opposition qui s'est formée entres elles. L'homme, l'animal, la localité frappés de tabou sont démoniaques, mais non sacrés, et ne sont, par conséquent, pas encore impurs, au sens plus tardif de ce mot. C'est à cette signification intermédiaire, c'est-à-dire à celle de démoniaque, de ce qui ne doit pas être touché, que convient bien l'expression tabou, car elle fait ressortir un caractère qui restera toujours commun au sacré et à l'impur : la crainte du contact. Mais cette communauté persistante d'un caractère important montre également qu'il y avait au début entre les deux domaines, celui du sacré et celui de l'impur, une concordance allant jusqu'à la fusion, et que c'est seulement plus tard, sous l'action de nouvelles conditions, que s'est effectuée la différenciation qui a créé une opposition entre les deux domaines.

La croyance, inhérente au tabou primitif, à une puissance démoniaque cachée dans l'objet et se vengeant du contact qu'on lui inflige ou de l'usage prohibé qu'on en fait par l'ensorcellement du coupable, n'est en effet que la crainte objectivée. Celle-ci n'a pas encore subi le dédoublement, qui se produit à une phase de développement plus avancée, en *vénération* et exécration.

Mais comment se produit ce dédoublement ? Parallèlement à la succession de deux phases mythologiques, dont la première, au lieu de disparaître complètement, lorsque la seconde est réalisée, persiste sous une forme à laquelle on accorde désormais une valeur inférieure, de plus en plus nuancée de mépris. Dans la mythologie, on observe généralement ce fait qu'une phase antécédente, tout en ayant été dépassée et refoulée (et peut-être pour cette raison même) par une phase supérieure, se maintient à côté de celle-ci sous une forme pour ainsi dire effacée et diminuée, de sorte que les objets de sa vénération se transforment en objets d'exécration [8].

Les autres considérations de Wundt ont trait aux rapports entre les représentations tabou d'un côté, la purification et le sacrifice, de l'autre.

---

1. *Völkerpsychologie, vol. II. Mythus und Religion, II, p. 308, 1906.*

2. On y trouvera aussi les indications bibliographiques les plus importantes.
3. Cette destination du tabou pourrait être laissée de côté ici, comme n'étant pas primitive.
4. *Völkerpsychologie, vol. II: Mythus und Religion, II, pp. 300 et suiv.*
5. L. c., p. 231.
6. Voir à ce *sujet* le premier *et* le dernier chapitre de ce livre.
7. L. c., p. 307.
8. L. c., p. 313.

LE TABOU ET L'AMBIVALENCE DES SENTIMENTS - II

Celui qui abordera le problème du tabou, armé des données de la psychanalyse, c'est-à-dire des données fournies par l'examen de la partie inconsciente de notre vie psychique, s'apercevra, après une courte réflexion, que les phénomènes dont il s'agit ne lui sont pas inconnus. Il connaît des personnes qui se sont créé elles-mêmes des prohibitions tabou individuelles, prohibitions qu'elles observent aussi rigoureusement que le sauvage obéit aux prohibitions communes à sa tribu ou à sa société. Si notre psychanalyste n'était pas habitué à désigner ces personnes sous le nom de malades atteints d'une névrose obsessionnelle, il trouverait que le nom de « Maladie du tabou » convient très bien pour caractériser leur état. Les recherches psychanalytiques lui ont appris tant de choses sur cette maladie obsessionnelle, sur son étiologie clinique et sur les éléments essentiels de son mécanisme psychologique qu'il ne pourra pas résister à la tentation d'appliquer aux phénomènes correspondants de la psychologie collective les données qu'il a acquises dans le domaine de la psychanalyse.

Il y a cependant une réserve à formuler au sujet de cette tentative. L'analogie entre le tabou et la névrose obsessionnelle peut être purement extérieure, ne porter que sur les manifestations symptomatiques, sans s'étendre à leur nature même. La nature aime à se servir des mêmes formes pour réaliser les combinaisons chimiques les plus variées, qu'il s'agisse de bancs de corail ou de plantes, voire de certains cristaux ou de certains dépôts chimiques.. Ce serait évidemment agir d'une façon trop hâtive et peu efficace que de conclure de l'analogie des conditions mécaniques à une affinité de nature. Tout en tenant compte de cette réserve, nous ne devons cependant pas renoncer à la comparai. son que nous venons de suggérer.

La première ressemblance, et la plus frappante, entre les prohibitions obsessionnelles (chez les nerveux) et la tabou consiste en ce que ces prohibitions sont aussi peu motivées que le tabou et ont des origines tout aussi énigmatiques. Ces prohibitions ont surgi un jour, et depuis lors l'individu est obligé de subir leur contrainte en vertu d'une angoisse irrésistible. Une menace extérieure de châtiment est superflue, car le sujet possède une certitude intérieure (conscience) que la violation de la prohibition sera suivie d'un malheur intolérable. Tout ce que les malades obsédés sont à même de dire, c'est qu'ils ont un pressentiment indéfinissable que la violation serait une cause de préjudice grave pour une personne de leur entourage. Ils sont incapables de dire de quelle nature peut être ce préjudice, et encore ce renseignement si vague n'est-il obtenu que plus tard, lors des actions (dont nous parlerons plus loin) de préservation et d'expiation, et non à propos des prohibitions elles-mêmes.

La prohibition principale, centrale de la névrose est, comme dans le tabou, celle du contact, d'où son nom, *délire de toucher*. La prohibition ne porte pas seulement sur l'attouchement direct du corps, mais s'étend à toutes les actions que nous définissons par l'expression figurée : se mettre en contact, venir en contact. Tout ce qui oriente les idées vers ce qui est prohibe, c'est-à-dire tout ce qui provoque un contact purement abstrait ou mental, est prohibé au même titre que le contact matériel lui même; on retrouve la même extension du sens dans le tabou.

L'intention de quelques-unes de ces prohibitions est assez facilement intelligible; d'autres, au contraire, apparaissent incompréhensibles, stupides, absurdes. Nous donnons à ces prohibitions le nom de « cérémoniales » et nous trouvons que les coutumes tabou présentent les mêmes variétés,

Les prohibitions obsessionnelles sont susceptibles de grands déplacements; elles utilisent toutes les voies possibles pour s'étendre d'un objet à l'autre dans un ensemble donné et le rendre son tour, selon l'expression d'une de mes malades, « impossible ». Le monde entier finit quelquefois par être frappé d'impossibilité. Les malades obsédés se comportent comme si les personnes et les choses « impossibles » *étaient* les sources d'une dangereuse contagion, prête à s'étendre par contact à tout ce qui se trouve dans le voisinage. Nous avons relevé précédemment dans le tabou les mêmes caractères de contagiosité et de transmissibilité. Nous savons aussi que quiconque a violé un tabou en touchant à un objet tabou devient, lui-même tabou et personne ne doit entrer en contact avec lui.

Je juxtapose deux exemples de transmission (ou plutôt, de déplacement) de la prohibition. L'un de ces exemples est emprunté à la vie des Maori, l'autre à une observation faite sur une de mes malades, atteinte de névrose obsessionnelle.

« Un chef Maori ne cherchera jamais à raviver le feu par son souffle, car son souffle sacré communiquera sa force au feu, au pot qui est sur le feu, aux aliments qui cuisent dans le pot, à la personne qui mangera de ces aliments, ce qui entraînera la mort de la personne qui aura mangé de ces aliments préparés dans le pot chauffé sur le feu que le chef aura ravivé de son souffle sacré et dangereux »[1].

Quant à ma malade, elle exige que l'objet que son mari vient d'acheter soit éloigné de la maison, sans quoi le séjour dans cette maison lui sera impossible. Elle sait en effet que cet objet a été acheté dans une boutique située, par exemple, dans la rue des Cerfs. Or une de ses amies, habitant aujourd'hui une ville lointaine et qu'elle avait connue autrefois sous son nom de jeune fille, s'appelle maintenant Mme Cerf. Cette amie lui est, aujourd'hui « impossible », tabou, et l'objet acheté ici, à Vienne, est aussi tabou que l'amie elle-même avec laquelle elle ne veut avoir aucun rapport.

De même que les prohibitions tabou, les prohibitions obsessionnelles apportent dans la vie des malades d'énormes privations et restrictions; mais certaines de ces prohibitions peuvent être levées grâce à l'accomplissement de certaines actions ayant, elles aussi, un caractère obsessionnel et qui sont incontestablement des actions de repentir, d'expiation, de préservation, de purification. La plus usitée de ces actions obsessionnelles est l'ablution (ablution obsessionnelle). Il en est de même de certaines prohibitions tabou qui peuvent, elles aussi, être remplacées ou dont la violence peut être expiée par la « cérémonie » de la lustration.

Résumons les points sur lesquels porte la ressemblance entre les coutumes tabou et les symptômes de la névrose obsessionnelle. Ces points sont au nombre de quatre : 1° absence de motivation des prohibitions; 2° leur fixation en vertu d'une nécessité interne; 3° leur facilité de déplacement et contagiosité des objets prohibés; 4° existence d'actions et de commandements cérémoniaux découlant des prohibitions.

Or, la psychanalyse nous a fait connaître l'histoire clinique et le mécanisme psychique des cas de névrose obsessionnelle. En ce qui concerne la première, voici comment elle se présente dans un cas typique de délire du toucher : tout à fait au début, dans la toute première enfance, s'est manifesté un intense plaisir de toucher, dont le but était beaucoup plus spécial qu'on ne serait porté à le croire. A ce plaisir n'a pas tardé à s'opposer une prohibition *extérieure* portant sur la réalisation de ce contact [2]. La prohibition a été acceptée, parce qu'elle pouvait s'appuyer sur d'importantes forces intérieures [3] ; elle s'est montrée plus forte que la tendance qui se manifestait dans le contact. Mais étant donné la constitution psychique primitive de l'enfant, la prohibition n'a pas réussi à supprimer totalement la tendance. Elle n'a réussi qu'à refouler celle-ci, c'est-à-dire le plaisir de toucher, et à la reléguer dans l'inconscient. Prohibition et tendance ont donc subsisté : la tendance, parce qu'elle était seulement refoulée, non supprimée; la prohibition, parce que sans elle la tendance aurait pénétré dans la conscience et lui aurait imposé sa réalisation. Il en est résulté une situation sans issue, une fixation psychique, et tout ce qui a suivi peut être expliqué par le conflit entre la prohibition et la tendance.

Le principal trait caractéristique de la constellation psychologique ainsi fixée consiste en ce qu'on pourrait appeler l'attitude *ambivalente* [4] de l'individu à l'égard d'un objet lui appartenant, à l'égard de l'une de ses propres actions. Il est toujours tenté d'accomplir cette action - l'attouchement -, mais-il en est chaque fois retenu par l'horreur qu'elle lui inspire. L'opposition entre les deux courants n'est pas facile à aplanir, car (et c'est tout ce que nous pouvons dire) leur localisation dans la vie psychique est telle qu'une rencontre, une collision entre eux est impossible. La prohibition est nettement présente à la conscience, tandis que le plaisir de toucher, qui subsiste cependant d'une façon permanente, est inconscient, la personne ne sachant rien sur lui. Si cet état psychologique n'existait pas, une ambivalence ne pourrait ni se maintenir aussi longtemps ni amener les conséquences dont nous venons de parler.

Dans l'histoire clinique qui vient d'être résumée, nous avons relevé comme un fait essentiel la prohibition s'affirmant et s'imposant dès la toute première enfance; toute l'évolution ultérieure de la névrose est déterminée par le mécanisme du refoulement qui s'est effectué à cette époque de la vie. Le refoulement de la tendance ayant été suivi d'oubli (amnésie), la motivation de la prohibition, devenue consciente, reste inconnue, et toutes les tentatives de décomposition, d'analyse mentale de cette motivation ne peuvent que rester stériles, faute d'un point d'appui auquel elles puissent se raccrocher. La prohibition doit sa force, son caractère obsédant précisément aux rapports qui existent entre elle et sa contre-partie, c'est-à-dire le désir non satisfait, mais dissimulé; ce caractère découle donc d'une nécessité intérieure dans laquelle la conscience est incapable de pénétrer. La transmissibilité et la faculté d'expansion de la prohibition reflètent un processus qu'accomplit le désir inconscient et que les conditions psychologiques de l'inconscient favorisent particulièrement. La tendance-désir se déplace constamment, pour échapper à l'interdiction dont elle est frappée et elle cherche à remplacer ce qui lui est défendu par des substitutions : objets de substitution ou actes de substitution. La prohibition suit ces déplacements et se fixe successivement sur tous les nouveaux buts choisis par le désir. A chaque pas en avant de la libido refoulée, la prohibition réagit par une nouvelle aggravation. La neutralisation réciproque des deux forces en lutte provoque le besoin d'une dérivation, d'une diminution de la tension existante, et c'est par ce besoin que s'explique la motivation des actes obsessionnels. Dans la névrose, ces actes sont manifestement des compromis : d'une part, des témoignages de repentir, des efforts d'expiation; d'autre part, des actes de substitution par lesquels le désir cherche à se dédommager de ce qui lui est interdit. C'est une loi de la névrose que ces actes obsessionnels se mettent de plus en plus au service du désir et se rapprochent de plus en plus de l'action primitivement prohibée.

Essayons maintenant d'analyser le tabou, comme s'il était de la même nature que les prohibitions obsédantes de nos malades. Nous devons savoir d'avance que beaucoup des prohibitions tabou dont nous aurons à nous occuper sont de nature secondaire, représentent des formes modifiées, dérivées et déplacées de prohibitions primitives; aussi devrons-nous nous contenter de projeter un peu de lumière sur quelques-unes seulement des prohibitions les plus primitives et les plus importantes. En outre, seule la constatation d'une différence trop profonde entre la situation du sauvage et celle du névrosé sera pour nous une raison d'exclure la possibilité d'une complète analogie et d'une assimilation faisant coïncider point par point la prohibition tabou et la prohibition obsessionnelle.

Nous pouvons nous dire tout d'abord que c'est poser des questions dépourvues de sens que d'interroger les sauvages sur la motivation de leurs prohibitions, sur la genèse du tabou. D'après ce que nous avons supposé, ils doivent être incapables de nous renseigner sur ce sujet, car il s'agit d'une motivation « inconsciente ». Or, d'après ce que nous savons des prohibitions obsessionnelles, voici comment nous pouvons reconstituer l'histoire du tabou. Les tabou seraient des prohibitions très anciennes qui auraient été autrefois imposées du dehors à une génération d'hommes primitifs, qui auraient pu aussi lui être inculquées par une génération antérieure. Ces prohibitions portaient sur des activités qu'on devait avoir une grande tendance à accomplir. Elles se sont ensuite maintenues de génération en génération, peut-être seulement à la faveur de la tradition, transmise par l'autorité paternelle et sociale. Il se peut aussi qu'elles soient devenues une partie «organique » de la vie psychique des générations ultérieures. Il est impossible de décider, dans le cas dont nous nous. occupons, s'il s'agit d'une sorte d' « idées innées », ni si ces idées ont déterminé la fixation du tabou à elles seules ou en collaboration avec l'éducation. Mais le maintien du tabou a eu pour effet que le désir primitif de faire ce qui est tabou a persisté chez ces peuples. Ceux-ci ont donc adopté à l'égard de leurs prohibitions tabou une *attitude ambivalente;* leur inconscient serait heureux d'enfreindre ces prohibitions, mais ils craignent de le faire; et ils le craignent, parce qu'ils voudraient Io faire, et la crainte est plus forte que le désir. Mais chez chaque individu faisant partie du peuple le, désir est aussi inconscient que chez le névrosé.

Les prohibitions tabou les plus anciennes et les plus importantes sont représentées par les deux lois fondamentales (la totémisme : on ne doit pas tuer l'animal totem et on doit éviter les rapports sexuels avec des individus du sexe opposé appartenant au même totem.

Telles devaient donc être les tentations les plus anciennes et les plus fortes des hommes. Cela, nous ne pourrons le comprendre et nous ne pourrons, par conséquent, vérifier nos suppositions sur des exemples, tant que le sens et l'origine du système totémique nous resteront totalement inconnus. Mais celui qui est au courant des données de l'étude psychanalytique, appliquée à l'individu, ne manquera pas de constater dans l'énoncé même des deux genres de tabou et dans leurs coïncidences une allusion à quelque chose que les psychanalystes considèrent comme le centre des désirs sur lesquels repose la vie infantile et comme le noyau de la névrose.

La variété des phénomènes tabou, qui a provoqué les essais de classification cités plus haut, fait place à l'unité, si nous faisons reposer tous ces phénomènes sur la base commune suivante : le tabou est un acte prohibé, vers lequel l'inconscient est poussé par une tendance très forte.

Nous savons, sans le comprendre, que quiconque fait ce qui en défendu, viole le tabou, devient tabou lui-même. Mais comment concilions-nous ce fait avec ces autres que le tabou s'attache non seulement aux personnes ayant fait ce qui est défendu, mais aussi à des personnes se trouvant dans des situations spéciales, à ces situations mêmes et à des objets inanimés ? Quelle est donc cette propriété si dangereuse qui reste toujours semblable à elle-même, malgré la diversité des conditions ? Il ne peut s'agir que d'une chose: d'un facteur qui attise les désirs de l'homme et l'induit dans *la tentation* d'enfreindre la prohibition.

L'homme qui a enfreint un tabou devient tabou lui. même, car il possède la faculté dangereuse d'inciter les autres à suivre son exemple. Il éveille la jalousie et l'envie : pourquoi ce qui est défendu aux autres serait-il permis à lui? Il est donc réellement *contagieux,* pour autant que son exemple pousse à l'imitation, *et* c'est pourquoi il doit lui-même être évité.

Mais sans même avoir enfreint un tabou, l'homme peut devenir tabou, d'une façon permanente ou passagère, parce qu'il se trouve dans une situation capable d'exciter les désirs défendus des autres, de faire naître chez eux le conflit entre les deux extrêmes de leur ambivalence. La plupart des situations et des états exceptionnels appartiennent à cette catégorie et possèdent cette force dangereuse. Chacun envie le roi ou le chef pour ses privilèges ; et il est probable que chacun voudrait être roi. Le cadavre, le nouveau-né, la femme dans ses états de souffrance attirent, par leur impuissance à se défendre, l'individu qui vient d'atteindre sa maturité et qui y voit une source de nouvelles jouissances. C'est pourquoi toutes ces personnes et tous ces états sont tabou ; il ne convient pas de favoriser, d'encourager la tentation.

Et, maintenant, nous comprenons aussi pourquoi les forces « Mana » de différentes personnes se repoussent réciproquement. Le tabou d'un roi est trop fort pour son sujet, car la différence sociale qui les sépare est trop grande. Mais un ministre peut assumer, entre l'un et l'autre, le rôle d'un intermédiaire inoffensif. Traduit du langage tabou dans celui de la psychologie normale ceci veut dire : le sujet, qui redoute l'énorme tentation que peut présenter pour lui le contact avec le roi, peut supporter le commerce avec le fonctionnaire qui lui inspire moins d'envie et qu'il croit peut-être pouvoir égaler lui-même un jour. Quant au ministre, l'envie qu'il peut nourrir à l'égard du roi est contre-balancée par la conscience du pouvoir dont il est investi lui-même. C'est ainsi que les petites différences entre les forces magiques respectives sont moins à craindre que les grandes.

On comprend, en outre, fort bien pourquoi la transgression de certaines prohibitions tabou présente un danger social et constitue un crime qui doit être puni ou expié par tous les membres de la société, s'ils veulent échapper à ses désastreuses conséquences. Le danger dont il s'agit nous apparaîtra comme réel, si nous mettons les velléités conscientes à la place des désirs inconscients. Il consiste dans la possibilité de l'imitation qui aurait pour conséquence la dissolution de la société. En laissant la violation impunie, les autres s'apercevraient qu'ils veulent faire la même chose que le malfaiteur.

Que, dans la prohibition tabou, l'attouchement joue le même rôle que dans le délire du toucher, bien que le sens caché de la première ne puisse en aucune façon être aussi spécial que dans la névrose, - il n'y a là rien qui doive nous étonner. L'attouchement est le commencement de toute tentative de s'emparer d'une personne ou d'une chose, de l'assujettir, d'en tirer des services exclusifs et personnels.

Nous avons expliqué le pouvoir contagieux, inhérent au tabou, par la faculté qu'il possède d'induire en tentation, de pousser à l'imitation. Ceci ne semble pas s'accorder avec le fait que le pouvoir contagieux du tabou se manifeste avant tout par sa transmission à des objets, qui, de ce fait, deviennent eux-mêmes tabou.

Dans la névrose, cette transmissibilité du tabou se reflète dans la tendance, (lue nous connaissons déjà, du désir inconscient à se fixer, par voie d'association, à des objets toujours nouveaux. Nous constatons ainsi qu'à la dangereuse force magique du « Mana » correspondent deux forces plus réelles, à savoir celle qui rappelle à l'homme ses désirs défendus et celle, en apparence plus importante, qui le pousse à violer la prohibition au profit du désir. Mais ces deux forces se fondent de nouveau en une seule, si nous admettons que la vie psychique primitive est ainsi faite (lue l'éveil du souvenir touchant l'acte prohibé détermine l'éveil de la tendance à accomplir cet acte. Dans cette hypothèse, il y aurait coïncidence entre les souvenirs et les tentations. On doit également admettre que lors. que l'exemple d'un homme ayant transgressé une prohibition égare un autre homme, en lui faisant commettre la même faute, c'est parce que la désobéissance à la prohibition s'est propagée comme un mal contagieux à la manière d'un tabou qui se transmet d'une personne à un objet, et de cet objet à un autre.

Lorsque la violation d'un tabou peut-être redressée par une expiation ou un repentir, qui signifient la *renonciation à* un bien ou à une liberté, nous obtenons la preuve que l'obéissance à la prescription tabou était elle-même une renonciation à quelque chose qu'on aurait volontiers désiré. La non-observation d'une renonciation est expiée par une renonciation portant sur autre chose. En ce qui concerne le cérémonial tabou, nous tirerons de cette considération la conclusion que le repentir et l'expiation sont des cérémonies plus primitives que la purification.

Résumons maintenant ce que nous gagnons, au point de vue de l'intelligence du tabou, grâce à sa comparaison avec la prohibition obsessionnelle du névrosé. Le tabou est une prohibition très ancienne, imposée du dehors (par une autorité) et dirigée contre les désirs les plus intenses de l'homme. La tendance à la transgresser persiste dans son inconscient; les hommes qui obéissent au tabou ont une ambivalence à l'égard de ce qui est tabou. La force magique, attribuée au tabou, se réduit au pouvoir qu'il possède d'induire l'homme en tentation; elle se comporte comme un contage, parce que l'exemple est toujours contagieux et que le désir défendu se déplace dans l'inconscient sur un autre objet. L'expiation de la violation d'un tabou par une renonciation prouve que c'est une renonciation qui est à la base du tabou.

---

1. Frazer : The *golden baugh, II: Taboo and the perils of the soul, 1911,* p. 136.
2. L'un et l'autre, le plaisir et la prohibition, portaient sur l'attouchement des organes génitaux.
3. Sur les rapports avec les personnes aimées dont émanait la prohibition.
4. Selon l'excellente expression de Bteuter.

LE TABOU ET L'AMBIVALENCE DES SENTIMENTS - III

Et, maintenant, nous voudrions savoir quelle valeur il convient d'attacher à notre comparaison entre le tabou et la névrose et à la conception du tabou qui se dégage de cette comparaison. il est évident que cette valeur ne peut être appréciable que si notre conception présente un avantage qu'il est impossible d'obtenir autrement, et nous permet de comprendre le tabou mieux que ne le font tous les autres essais d'explication. Nous pourrions dire que nous avons déjà fourni, dans ce qui précède, la preuve de la supériorité de notre conception; mais nous allons essayer de l'affermir, en appliquant cette conception à l'explication des détails mêmes des prohibitions et coutumes tabou.

Il est vrai que nous pouvons procéder encore d'une autre manière. Nous pourrions notamment rechercher si une partie des prémisses que nous avons étendues de la névrose au tabou, et des conséquences que nous avons tirées de cette extension ne peuvent pas être obtenues directement par l'examen des phénomènes du tabou. Il ne nous reste qu'à décider de la direction dans laquelle nous allons engager nos recherches. L'affirmation, d'après laquelle le tabou proviendrait d'une très ancienne prohibition qui a été autrefois imposée du dehors, ne se laisse évidemment pas démontrer. Aussi nous appliquerons-nous plutôt à rechercher si le tabou est vraiment subordonné aux mêmes conditions que celles dont l'étude de la névrose obsessionnelle nous a révélé l'existence. Comment avons-nous obtenu, quant à la névrose, la connaissance de ces facteurs psychologiques ? Par l'étude analytique des symptômes, surtout par celle des actions obsédantes, des mesures de préservation et des prohibitions obsessionnelles. Nous avons trouvé que ces actions, mesures et prohibitions présentent des caractères qui autorisent à leur assigner pour source des tendances et des désirs *ambivalents*, soit que ces caractères correspondent simultanément aussi bien au désir qu'au contre-désir, soit qu'ils se trouvent de préférence au service de l'une des deux tendances opposées. Si donc il nous était possible de découvrir la même ambivalence, le même conflit entre deux tendances opposées dans les prescriptions tabou, ou de montrer dans certaines de ces prohibitions, comme dans les actes obsédants, l'expression simultanée de ces deux tendances, l'analogie psychologique entre le tabou et la névrose obsessionnelle serait à peu près complète.

Ainsi que nous l'avons dit plus haut, les deux prescriptions tabou fondamentales sont inaccessibles à notre analyse, parce qu'elles se rattachent au totémisme; d'autres prescriptions sont d'origine secondaire et, pour cette raison, ne nous intéressent pas. Le tabou a notamment fini par devenir, chez les peuples dont nous nous occupons, la forme habituelle de la législation et par être mis au service de tendances sociales qui sont certainement plus récentes que le tabou lui-même : tel est, par exemple le cas des tabou imposés par des chefs et des prêtres et destinés à perpétuer propriétés et privilèges. Il n'en reste pas moins un groupe important de prescriptions sur lesquelles peut porter notre examen : ce sont principalement les tabou se rattachant *a)* aux *ennemis, b)* aux *chefs, c)* aux *morts.* Quant aux matériaux qui s'y rapportent, je les emprunte à l'excellente collection réunie par J.-G. Frazer et publiée dans son grand ouvrage *The golden baugh* [1].

a) *Attitude à l'égard des ennemis*

Ceux qui étaient portés à attribuer aux peuples sauvages une cruauté impitoyable et sans merci à l'égard de leurs ennemis, apprendront avec d'autant plus d'intérêt que chez eux aussi le meurtre d'un homme ne pouvait être accompli sans l'observation de certaines prescriptions qui font partie des coutumes tabou. Il est facile de ranger ces prescriptions en quatre groupes, selon qu'elles exigent: 1° la réconciliation avec l'ennemi tué; 2° des restrictions; 3° des actions d'expiation, de purification après l'accomplissement du meurtre ; 4° certaines pratiques cérémoniales. Que ces coutumes tabou aient été générales ou non chez les peuples dont nous nous occupons, - c'est ce que les informations incomplètes que nous possédons ne nous permettent pas de dire avec certitude. La question est d'ailleurs sans intérêt, étant donné le but que nous pour suivons. Il y a toutefois lieu d'admettre qu'il s'agit de coutumes assez répandues, et non de phénomènes isolés.

Les *coutumes de réconciliation*, qui sont observées

dans l'île Timor, après le retour victorieux d'une horde guerrière portant des têtes d'ennemis tués, sont particulièrement intéressantes, en raison des graves restrictions qui sont, en outre, imposées aux chef de l'expédition (voir plus loin). Lors de la rentrée triomphale des vainqueurs, des sacrifices sont faits pour apaiser les âmes des ennemis, faute de quoi on doit s'attendre à des malheurs pour les vaincus. Une danse est exécutée, accompagnée d'un chant dans lequel on pleure l'ennemi abattu et implore son pardon : « Ne sois pas en colère contre nous, parce que nous avons ici, avec nous, ta tête; si la chance ne nous avait pas été favorable, ce sont probablement nos têtes à nous qui seraient aujourd'hui exposées dans ton village. Nous t'avons offert un sacrifice pour t'apaiser. Et, maintenant, ton esprit doit être content et nous laisser en paix. Pourquoi as-tu été notre ennemi? N'aurions-nous pas mieux fait de rester amis? Ton sang n'aurait pas été répandu ni ta tête coupée. » [2]

On retrouve la même coutume chez les Palous, à Célèbes; les Gallas offrent en sacrifice aux esprits leurs ennemis tués, avant de rentrer dans leur village natal. (D'après Paulitschke -*Ethnographie-Nordostafrikas*).

D'autres peuples ont trouvé le moyen de se faire de leurs ennemis tués des amis, des gardiens et des protecteurs. Ce moyen consiste à soigner avec tendresse les têtes coupées, ce dont se vantent certaines tribus sauvages de Bornéo. Lorsque les Dayaks de la côte de Sarawak rapportent chez eux, en revenant d'une expédition, la tête d'un ennemi, celle-ci est traitée pendant des mois avec toutes sortes d'amabilités, appelée des noms les plus doux et les plus tendres que possède le langage. On introduit dans sa bouche les meilleurs morceaux des repas, des friandises, des cigares. On la prie instamment d'oublier ses anciens amis et d'accorder tout son amour à ses nouveaux hôtes, car elle fait maintenant partie de leur maison, On se tromperait, si l'on voyait une intention ironique dans cette coutume macabre qui nous parait si horrible [3].

Les observateurs ont été frappés par le deuil auquel se livrent les tribus sauvages de l'Amérique du Nord en l'honneur de l'ennemi tué et scalpé. A partir du jour où un Choctaw a tué un ennemi, commence pour lui une période de deuil qui dure des mois et pendant laquelle il s'impose de graves restrictions. Il en est de même chez les Indiens Dakotas. Après avoir commémore par 16 deuil leurs propres morts, raconte un observateur, les Osages prennent le deuil de l'ennemi, comme s'il avait été un ami [4].

Avant de parler des autres coutumes tabou se rapportant à la manière de traiter les ennemis, nous devons prendre position contre une objection possible. Les raisons qui dictent ces prescriptions d'apaisement, nous dira-t-on avec Frazer et d'autres, sont assez simples et n'ont rien à voir avec l' « ambivalence ». Ces peuples sont dominés par la terreur superstitieuse que leur inspirent les esprits des morts, terreur que l'antiquité classique connaissait également et que le grand dramaturge anglais a exprimée dans les hallucinations de Macbeth et de Richard III. De cette superstition découleraient logiquement toutes les prescriptions d'apaisement, ainsi que les restrictions et les expiations dont il sera question plus loin; en faveur de cette conception plaideraient encore les cérémonies réunies dans le quatrième groupe, qui ne sauraient être interprétées que comme des efforts en vue de chasser les esprits des morts poursuivant les meurtriers [5]. D'ailleurs, les sauvages ne manquent pas une occasion d'avouer directement l'angoisse qu'ils éprouvent devant les esprits des ennemis tués, angoisse à laquelle ils font eux-mêmes remonter ces coutumes tabou.

Cette objection parait en effet très naturelle, et si elle était sans réplique, nous pourrions faire l'économie d'une tentative d'explication. *Nous* aurons à nous en occuper plus tard; ici nous nous bornerons à lui opposer la manière de voir qui se dégage des prémisses ayant servi de point de départ à nos précédentes considérations sur le tabou. *Nous* tirons de toutes ces prescriptions la conclusion que dans l'attitude à l'égard de l'ennemi se manifestent encore d'autres sentiments, que ceux de simple hostilité. Nous y voyons des expressions de repentir, d'hommage à l'ennemi, de regret et de remords de l'avoir tué. On dirait que longtemps avant toute législation reçue des mains d'un dieu, ces sauvages connaissaient déjà le commandement : tu ne tueras point, et savaient que toute violation de ce commandement entraînait un châtiment.

Mais revenons aux autres catégories de prescriptions tabou. Les restrictions imposées au meurtrier victorieux sont très fréquentes et, le plus souvent, très rigoureuses. Dans l'île Timor le chef de l'expédition ne peut pas rentrer chez lui directement. On lui réserve une cabane particulière dans laquelle il passe deux mois, en y accomplissant différentes pratiques de purification. Pendant cet intervalle, il lui est défendu de voir sa femme, de se nourrir lui-même, une autre personne devant lui mettre les aliments dans la bouche [6]. - Chez quelques tribus Dayaks les hommes revenant d'une victorieuse expédition doivent rester isoles du reste de la population pendant plusieurs jours, s'abstenir de certains aliments, ne pas toucher au fer et se tenir à l'écart de leurs femmes. - Dans l'île Logea, près de la Nouvelle-Guinée, les hommes ayant tué des ennemis s'enferment pendant une semaine dans leurs maisons. Ils évitent tout rapport avec leurs femmes et leurs amis, ne touchent pas de leurs mains aux aliments et ne se nourrissent que de végétaux préparés pour eux dans des récipients spéciaux. Pour justifier cette dernière restriction, on dit qu'ils ne doivent pas sentir l'odeur du sang des tués; autrement, ils tomberaient malades et mourraient. - Dans la tribu Toaripi ou Motumobu (Nouvelle-Guinée) un homme qui en a tué un autre ne doit ni s'approcher de sa femme ni toucher à la nourriture avec ses doigts. Il reçoit une nourriture spéciale des mains d'autres personnes. Et cela dure jusqu'à la nouvelle lune suivante.

On trouvera dans l'ouvrage de Frazer une foule d'autres cas de restrictions imposées au meurtrier victorieux. Il m'est impossible de les citer tous; mais je relève quelques exemples dont le caractère tabou ressort avec une évidence particulière ou dans lesquels la restriction apparaît associée à l'expiation, à la purification et au cérémonial.

Chez les Monumbos, dans la Nouvelle-Guinée allemande, celui qui a tué un ennemi au cours d'un combat devient « impur », et son état est désigné par le même mot que celui qui sert à désigner l'état de la femme pendant la menstruation ou les couches. Il doit Pester confiné pendant longtemps dans la maison de réunion des hommes, alors que les autres habitants de son village se réunissent autour de lui et célèbrent sa victoire par des danses et des chants. Il ne doit toucher personne, pas même sa femme et ses enfants; s'il le fait, il est aussitôt couvert d'abcès et d'ulcères. Il se purifie par des ablutions et autres cérémonies.

Chez les Natchez de l'Amérique dut Nord, les jeunes guerriers qui avaient conquis leur premier scalp étaient soumis pendant six mois à certaines privations. Ils ne devaient ni coucher auprès de leurs femmes, ni manger de la viande - toute leur nourriture consistait en poisson et gâteau de maïs. Lorsqu'un Choctaw avait tué et scalpé un ennemi, il devait observer le deuil pendant un mois, durant lequel il lui était interdit de peigner sa chevelure. Lorsque son cuir chevelu le démangeait, il ne devait pas se gratter avec la main, mais se servir d'un petit bâton.

Quand un Indien Pima avait tué un Apache, il devait se soumettre à de rigoureuses cérémonies de purification et d'expiation. Pendant une période de jeûne qui durait seize jours, il ne devait ni toucher à la viande et au sel, ni regarder un feu vif, ni adresser la parole à (lui que ce fût. Il vivait seul dans la forêt, servi par une vieille femme qui lui apportait un peu de nourriture, se baignait souvent dans la rivière la plus proche et portrait, en signe de deuil, une motte d'argile sur sa tête. Le dix-septième jour avait lieu la cérémonie publique de la purification solennelle de l'homme et de ses armes. Comme les Indiens Prima prenaient le tabou du meurtre beaucoup plus au sérieux que ne le faisaient leurs ennemis et n'ajournaient pas, comme ceux-ci, l'expiation et la purification jusqu'à la fin de la campagne, on peut dire que leur moralité et leur piété étaient pour eux une cause d'infériorité militaire.

Malgré leur bravoure extraordinaire, ils ont été, pour les Américains, d'une aide très peu efficace dans leurs luttes contre les Apaches. Malgré tout l'intérêt que présenterait un examen plus approfondi des détails et variations des cérémonies d'expiation et de purification, prescrites à la suite du meurtre d'un ennemi, j'arrête ici mon exposé qui suffit au *but* que je poursuis. J'ajouterai seulement qu'on retrouve la trace de ces institutions dans l'isolement temporaire ou permanent auquel est soumis, de nos jours encore, le bourreau professionnel. La condition de « l'homme libre » dans la société du moyen-âge nous permet de nous faire une bonne idée du « tabou » des sauvages [7].

Dans l'explication courante de toutes ces prescriptions d'apaisement, de restrictions, d'expiation et de purification se trouvent confondus deux principes : l'extension du tabou du mort à tout ce qui est venu en contact avec lui, et la crainte de l'esprit du mort. Mais on ne dit pas, et il ne serait d'ailleurs pas facile de dire, de quelle manière il faut combiner ces deux facteurs pour expliquer le cérémonial, s'ils possèdent une valeur égale ou si l'un doit être considéré comme primaire et l'autre comme secondaire. A cette manière de voir nous opposons notre conception, d'après laquelle toutes ces prescriptions découlent de l'ambivalence des sentiments qu'on éprouve à l'égard de l'ennemi.

b) Le tabou des seigneurs

L'attitude des peuples primitifs à l'égard de leurs chefs, rois et prêtres, est régie par deux principes qui se complètent, plutôt qu'ils ne se contredisent : on doit se préserver d'eux et on doit les préserver [8]. Ces deux buts sont obtenus à l'aide d'une foule de prescriptions tabou. Nous savons déjà pourquoi il faut se garder des seigneurs - ils sont porteurs de cette force magique, mystérieuse et dangereuse, qui, telle une charge électrique, se communique par contact et détermine la mort et la perte de celui qui n'est pas protégé par une charge équivalente. Aussi évite-t-on tout contact, direct ou indirect, avec la dangereuse sainteté et, pour les cas où ce contact ne peut être évité, on a inventé un cérémonial destiné à détourner les conséquences redoutées. Les Nubas de l'Est Africain, par exemple, croient qu'ils doivent mourir, lorsqu'ils ont pénétré dans la maison de leur roi-prêtre, mais qu'ils peuvent échapper à ce danger, si, en entrant, ils découvrent leur épaule gauche et obtiennent que le roi la touche de sa main. On parvient à ce résultat bizarre que l'attouchement opéré par le roi devient un moyen de guérison et de protection contre les maux résultant de cet attouchement même : mais il s'agit cette fois d'un attouchement voulu et qui, parce que voulu par le roi possède une force curative, tandis que l'attouchement dangereux est celui dont on se rend coupable *à l'*égard du roi; autrement dit, il s'agit de l'opposition entre l'attitude passive et l'attitude active à l'égard du roi.

Nous n'avons pas besoin de remonter aux sauvages, pour trouver des exemples de guérison opérée par l'attouchement royal. Aune époque, qui n'est pas *très* éloignée, les rois d'Angleterre exerçaient ce pouvoir pour guérir les écrouelles qui, pour cette raison, étaient appelées : « The King's Evil » (le mal royal). Ni la reine Elisabeth ni aucun de ses successeurs n'ont renoncé à cette prérogative royale. Charles 1er aurait, en 1633, guéri d'un seul coup cent malades. Et, après la défaite de la grande révolution, son fils Charles II a exercé la prérogative de la guérison royale des écrouelles sur une très vaste échelle.

Ce roi aurait, au cours de son règne, guéri par l'attouchement plus de cent mille scrofuleux. L'affluence des malades était tellement grande qu'une fois six ou sept d'entre eux, au lieu de trouver la guérison, qu'ils étaient venus chercher, sont morts étouffés. Le sceptique Guillaume III d'Orange, devenu roi d'Angleterre après l'expulsion des Stuart, se méfiait de la magie; la seule fois où il consentit à opérer un attouchement de ce genre, il le fit en disant : « Que Dieu vous donne meilleure santé et plus de raison » [9].

Voici un témoignage du terrible effet d'un attouchement actif, bien que non-intentionnel, exercé à l'égard du roi ou de quelque chose lui appartenant. Un chef de la Nouvelle-Zélande, homme d'un rang élevé et d'une grande sainteté, abandonne un jour dans la rue les restes de son repas. Un esclave passe, jeune, robuste et affamé, aperçoit ces restes, s'empresse de les avaler. Il n'a pas plus tôt achevé le dernier morceau qu'un spectateur effrayé lui apprend de quel crime il s'est rendu coupable. Notre esclave, qui était un guerrier solide et courageux, tombe à terre à l'annonce de cette nouvelle, en proie à de terribles convulsions et meurt au coucher du soleil du jour suivant [10]. Une femme Maori, après avoir mangé certains fruits, apprend qu'ils provenaient d'un certain endroit, frappé de tabou. Elle s'écrie aussitôt que l'esprit du chef auquel elle a infligé cette offense la fera certainement mourir. Le fait s'était passe l'après-midi, et le lendemain à midi elle était morte [11]. Le briquet d'un chef Maori a causé un jour la mort de plusieurs personnes. Le chef l'avait perdu, d'autres l'ont ramassé et s'en sont servi pour allumer leurs pipes. Lorsqu'ils ont appris qui était le propriétaire du briquet, ils sont tous morts de peur [12].

Rien d'étonnant si le besoin s'est fait sentir d'isoler des personnes aussi dangereuses que chefs et prêtres, de les entourer d'un mur les rendant inaccessibles aux autres Nous pouvons supposer que ce mur, primitivement érigé en vertu de prescriptions tabou, existe encore aujourd'hui sous la forme d'un cérémonial de cour.

Mais la plupart de ces tabou des seigneurs ne se laissent peut-être pas réduire au besoin de protection *contre* eux. A la création du tabou et à l'établissement de l'étiquette de cour a encore contribué un autre besoin, celui de protéger les personnes privilégiées elles-mêmes contre les dangers qui les menacent.

La nécessité de protéger le roi contre les dangers possibles découle du rôle énorme qu'il joue dans la vie de ses sujets. Rigoureusement parlant, c'est sa personne qui régit la marche du monde; son peuple doit lui être reconnaissant non seulement pour la pluie et la lumière du soleil qui fait pousser les fruits de la terre, mais aussi pour le vent qui amène les navires à la côte et pour le sol que les hommes foulent de leurs pieds [13].

Ces rois des sauvages possèdent une puissance et un pouvoir de dispenser le bonheur que des peuples moins primitifs ne reconnaissent qu'à leurs dieux et à la réalité desquels seuls les courtisans les plus serviles et hypocrites affectent de croire, à des phases de civilisation plus avancées.

Il y a une contradiction manifeste entre cette toute-puissance de la personne royale et la croyance d'après laquelle elle aurait besoin d'être protégée de très près contre les dangers qui la menacent; mais ce n'est pas là la seule contradiction qu'on constate dans l'attitude des sauvages à l'égard de leurs rois. Ces peuples jugent nécessaire de surveiller leurs rois, afin qu'ils ne dépensent pas leurs forces inutilement; ils sont loin d'être sûrs de leurs bonnes intentions ou de leur loyauté. Il y a une nuance de méfiance dans la motivation des prescriptions tabou concernant le roi : « L'idée, dit Frazer [14], d'après laquelle la royauté primitive serait une royauté despotique, ne s'applique pas tout à fait aux monarchies dont nous parlons. Au contraire, dans ces monarchies le maître ne vit que pour ses sujets; sa vie n'a de valeur qu'aussi longtemps qu'il remplit obligations de sa charge, qu'il règle le cours de la nature pour le bien de son peuple. A partir du moment où il néglige ou cesse de s'acquitter de ces obligations, l'attention, le dévouement, la vénération religieuse dont il jouissait au plus haut degré se transforment en haine et mépris. Il est chassé honteusement et s'estime heureux lorsqu'il réussit à sauver sa vie. Aujourd'hui adoré comme un dieu, il peut être tué demain comme un criminel Mais nous n'avons pas le droit de voir dans ce changement d'attitude du peuple une preuve d'inconstance ou une contradiction; bien au contraire le peuple reste logique jusqu'au bout. Si leur roi est leur dieu, pensent-ils, il doit aussi se montrer leur protecteur; et du moment qu'il ne veut pas les protéger, il doit céder la place à un autre qui est plus disposé à la faire. Mais tant qu'il répond à ce qu'ils attendent da lui, leurs soins à son égard ne connaissent pas de limites et ils l'obligent à se soigner lui-même avec le même zèle. Un tel roi vit comme enfermé dans un système de cérémonies et d'étiquettes, entouré d'un réseau de coutumes et d'interdictions ayant pour but, non d'élever sa dignité et, encore moins, d'augmenter son bien-être, mais uniquement de l'empêcher de commettre des actes susceptibles de troubler l'harmonie de la nature et d'amener ainsi sa propre perte, celle de son peuple et du monde entier. Loin de servir à lui procurer de l'agrément, ces prescriptions le privent de toute liberté et font de sa vie, qu'elles prétendent vouloir protéger, un fardeau et une torture ».

Nous ayons un des exemples les plus frappants d'un pareil enchaînement et emprisonnement d'un maître sacré dans la vie que menait autrefois le mikado du Japon. Voici ce qu'en rapporte un récit datant de plus de deux siècles [15] : « Le mikado considère comme incompatible avec sa dignité et son caractère sacré de toucher le sol de ses pieds. Aussi, lorsqu'il doit se rendre quelque part, se fait-il porter sur les épaules de ses serviteurs. Mais il convient encore moins que sa personne soit exposée à l'air libre, et au soleil est refusé l'honneur d'éclairer sa tête. On attribue à toutes les parties de son corps un caractère tellement sacré que ses cheveux et sa barbe ne doivent jamais être coupés, ses ongles ne doivent jamais être taillés. Mais pour qu'il ne manque pas tout à fait de soins, on le lave la nuit, pendant qu'il dort; ce qu'on enlève à son corps dans cet état peut être considéré comme lui étant volé et un vol de ce genre ne peut être préjudiciable à sa dignité et à sa sainteté. Précédemment, il devait encore tous les matins se tenir pendant quelques heures assis sur son trône, la couronne impériale sur sa tête, sans remuer les bras, les jambes, la tête ou les yeux : ainsi seulement, pensait-on, il pouvait maintenir la paix et la tranquillité dans l'Empire. Si, par malheur, il s'était tourné d'un côté ou de l'autre ou si son regard n'avait été dirigé pendant un certain temps que sur une partie de son Empire, il aurait pu en résulter pour le pays une guerre, une famine, la peste, un incendie ou un autre malheur qui aurait amené sa ruine ».

Quelques-uns des tabou auxquels sont soumis les rois barbares rappellent les restrictions imposées aux meurtriers. A Shark Point, près du cap Padron, dans la Basse-Guinée (Ouest-Africain), un roi-prêtre, Kukulu, vit seul dans une forêt. Il ne doit toucher à aucune femme, ni quitter sa maison, il ne doit même pas se lever de son siège, sur lequel il dort assis. S'il se couchait, le vent cesserait de souffler, ce qui troublerait la navigation. Sa fonction consiste à apaiser les tempêtes et, en général, à veiller au maintien de l'état normal de l'atmosphère [16]. Plus un roi de Loango est puissant, dit Bastian, et plus nombreux sont les tabou qu'il doit observer. Le successeur au trône y est assujetti dès l'enfance, mais les tabou s'accumulent autour de lui, à mesure qu'il grandit. au moment de son avènement il est littéralement étouffé sous leur nombre.

La place ne nous permet pas (et notre but ne l'exige pas) de donner une description détaillée des tabou inhérents à la dignité de roi ou de prêtre. Disons seulement que les restrictions relatives aux mouvements et au genre d'alimentation jouent, parmi ces tabou, le principal rôle. Pour montrer à quel point sont tenaces les coutumes se rattachant à ces personnes privilégiées, nous citerons deux exemples de cérémonial tabou, empruntés à des peuples civilisés, c'est-à-dire ayant atteint des phases de culture plus élevées.

Le Flamen Dialis, le grand-prêtre de Jupiter dans la Rome antique, avait à observer un nombre de tabou extraordinaire. Il ne devait pas monter à cheval, il ne devait voir ni cheval, ni homme armé, il ne pouvait porter qu'un anneau brisé, il ne devait avoir aucun nœud sur ses vêtements, il ne devait pas toucher à la farine de froment et à la pâte levée, il ne pouvait désigner par leur nom ni chèvre, ni chien, ni viande crue, ni fève, ni lierre; ses cheveux ne pouvaient être coupés que par un homme libre, utilisant pour cela un couteau de bronze, et devaient être ensevelis, ainsi que les rognures de ses ongles, sous un arbre sacré; il ne devait pas toucher aux morts et il lui était défendu de se tenir en plein air la tête découverte, etc. Sa femme, la Flaminica, était soumise, à son tour, à des prescriptions : sur certains escaliers, elle ne pouvait pas dépasser les trois premières marches et, certains jours de fête, elle n'avait pas le droit de peigner ses cheveux; le cuir servant à ses chaussures devait provenir non d'un animal mort d'une mort naturelle, mais d'un animal abattu ou sacrifié; le lait d'avoir entendu le tonnerre la rendait impure, et son impureté durait jusqu'à ce qu'elle ait offert un sacrifice d'expiation [17].

Les anciens rois de l'Irlande étaient soumis à une série de restrictions tout à l'ait singulières dont l'observation était une source de bienfaits et la transgression une source de malheurs pour le pays. L'énumération complète de ces tabou est donnée dans le *Book of Rights,* dont les exemplaires manuscrits les plus anciens datent de 1390 et de 1418. Les prohibitions sont très détaillées, et portent sur des actes déterminés, commis ou à commettre dans des endroits déterminés et à des moments déterminés : dans telle ville le roi ne doit pas séjourner un certain jour de la semaine; il fie doit pas franchir tel fleuve à une heure déterminée; il ne doit, pas camper plus de neuf jours dans une certaine plaine, etc. [18].

La sévérité des prescriptions tabou, imposées aux rois prêtres, a eu, chez beaucoup de peuples sauvages, une conséquence importante au point de vue historique et particulièrement intéressante à notre point de vue à nous. La dignité sacerdotale-royale a cessé d'être désirable. C'est ainsi qu'à Combodscha, où il y a un roi du feu et un roi de l'eau, on est obligé d'imposer par la force l'acceptation de l'une ou de l'autre de ces dignités. A Nine, ou Savage Island, île corallifère de l'Océan Pacifique, la monarchie s'est pratiquement éteinte, car personne ne se montrait disposé à assumer les l'onctions royales, lourdes de responsabilités et de dangers. Dans certains pays de l'Ouest-Africain, un conseil secret est tenu, après la mort du roi, au cours duquel doit être désigné, son successeur. Celui sur lequel est tombé le choix est appréhendé, lié et gardé à vue dans la maison du fétiche, jusqu'à ce qu'il se déclare prêt à accepter la couronne. Dans certaines occasions, le successeur présomptif au trône trouve le moyen de se soustraire à l'honneur qu'on veut lui imposer; on raconte, par exemple, que tel chef avait l'habitude de porter sur lui jour et nuit des armes, afin de pouvoir résister par la force à toute tentative d'installation sur le trône [19]. Chez les nègres de Sierra Leone, la résistance à l'acceptation de la dignité royale était tellement grande que la plupart des tribus ont été obligées de confier cette dignité à des étrangers.

Frazer voit dans ces conditions la cause du dédoublement progressif de la royauté sacerdotale primitive en un pouvoir, temporel et un pouvoir spirituel. Pliant sous le fardeau de leur sainteté, les rois sont devenus incapables d'exercer réellement le pouvoir et ont été obligés d'abandonner les charges administratives à des personnages moins importants, mais actifs et énergiques, n'ayant aucune prétention aux honneurs de la dignité royale. C'est ainsi que se seraient formés les seigneurs temporels, tandis que les rois tabou ont continué d'exercer la suprématie spirituelle, devenue en fait insignifiante. L'histoire de l'ancien Japon nous offre une belle confirmation de cette manière de voir.

En présence de ce tableau des rapports intervenant entre l'homme primitif et ses souverains, pouvons-nous nous attendre à en trouver facilement une explication psychanalytique? Ces rapports sont excessivement compliqués et loin d'être exempts de contradictions. On accorde aux seigneurs de grandes prérogatives qui forment un pendant aux tabou imposés aux autres. Ce sont des personnages privilégiés; ils ont le droit de faire ce qui est interdit aux autres, de jouir de ce qui est inaccessible aux autres. Mais la liberté même qu'on leur reconnaît est limitée par d'autres tabou qui ne pèsent pas sur les individus ordinaires. Nous avons donc ici une première opposition, presqu'une contradiction, entre, une plus grande liberté et une plus grande restriction pour les mêmes personnes. On leur attribue une puissance magique extraordinaire et on redoute pour cette raison tout contact avec leur personne ou les objets leur appartenant, tout en attendant de ce contact les effets les plus bienfaisants. Il y a là apparemment une autre contradiction, particulièrement flagrante; mais nous savons déjà qu'elle n'est, en réalité, qu'apparente. Est bienfaisant l'attouchement effectué par le roi lui-même, dans une intention bienveillante ; n'est dangereux que l'attouchement effectué par l'homme du commun sur le roi ou les objets lui appartenant, sans doute parce que cet attouchement peut dissimuler une intention agressive. Une autre contradiction, moins facile à expliquer, consiste en ce que, tout en attribuant au seigneur un grand pouvoir sur les forces de la nature, on se croit obligé de le protéger avec un soin particulier contre les dangers qui le menacent, comme si son pouvoir, capable de tant de choses, était impuissant à assurer sa propre protection. Une autre difficulté encore réside dans ce fait qu'on ne se fie pas au seigneur pour l'emploi de son extraordinaire pouvoir, qui ne doit servir qu'au bien des sujets et qu'à sa propre protection, mais qu'on se croit obligé de le surveiller sous ce rapport. C'est de cette méfiance et de ce besoin de surveillance que sont nées les cérémonies tabou auxquelles est soumise la vie du roi et destinées à protéger le roi lui-même contre les dangers qui peuvent le menacer, et les sujets contre les dangers dont ils sont menacés de la part du roi.

La manière la plus naturelle d'expliquer ces rapports, si compliqués et si pleins de contradictions, entre les sauvages et leurs seigneurs semble être la suivante : pour des raisons ayant leur source dans la superstition ou ailleurs, les sauvages expriment dans leur attitude à l'égard des rois diverses tendances dont chacune est poussée à l'extrême, sans aucun égard pour les autres et indépendamment d'elles. D'où toutes ces contradictions par lesquelles l'intellect du sauvage n'est pas plus choqué que celui de l'homme très civilisé lorsqu'il s'agit de rapports établis par la religion ou les devoirs de « loyauté ».

Cette explication n'est pas à repousser ; mais technique psychanalytique nous permettra de pénétrer ces rapports plus profondément et nous apprendra beaucoup plus de choses sur la nature de ces tendances si variées. En soumettant la situation que nous venons de décrire à l'analyse, comme s'il s'agissait du tableau symptomatique d'une névrose, nous arrêterons tout d'abord notre attention sur la surabondance de préoccupations craintives que nous trouvons au fond du cérémonial tabou. Un pareil excès de tendresse est un phénomène courant dans la névrose, surtout dans la névrose obsessionnelle, qui s'impose la première à notre comparaison. Nous connaissons et comprenons son origine. Cet excès se produit toutes les fois qu'il existe, à côté de la tendresse prédominante, un sentiment d'hostilité inconscient, par conséquent toutes les fois que se trouve réalisé le cas typique de la sensibilité ambivalente. L'hostilité est alors étouffée par une exagération démesurée de la tendresse qui se manifeste sous la forme d'une angoisse et devient obsédante, sans quoi elle serait impuissante à s'acquitter de sa tâche consistant à maintenir refoulé le sentiment opposé. Il n'est pas de psychanalyste qui n'ait constaté avec quelle certitude la tendresse exagérément inquiète et passionnée, dans les conditions les plus invraisemblables, comme, par exemple, entre mère et enfant ou entre époux très unis, se laisse expliquer de cette manière. En ce qui concerne le traitement infligé aux personnes privilégiées, nous pouvons de même admettre qu'à l'adoration dont elles sont l'objet, à leur divinisation s'oppose un sentiment puissamment hostile et que, par conséquent, ici se trouve également réalisée la situation de l'ambivalence affective. La méfiance, qui apparaît comme le motif incontestable des tabou imposés aux rois, serait d'autre part, et plus directement, une manifestation de la même hostilité inconsciente. Et étant donné les formes variées qu'affecte l'issue de ce conflit chez différents peuples, il ne nous serait pas difficile de trouver des exemples où la preuve de cette hostilité apparaîtrait avec une évidence particulière. Frazer [20] nous raconte que les sauvages Timmos, de la Sierra Leone, se sont réservé la droit de rouer de coups le roi qu'ils ont élu, la veille de son couronnement ; et il s'acquittent si consciencieusement de droit constitutionnel que bien souvent le malheureux souverain ne survit pas longtemps à son avènement au trône : aussi les personnages importants de la tribu se sont-ils fait une règle d'élever à la royauté l'homme contre lequel ils nourrissent une rancune. Mais, même dans ces cas tranchés, l'hostilité, loin de s'avouer comme telle, se dissimule sous les apparences du cérémonial.

Un autre trait de l'attitude de l'homme primitif à l'égard du roi rappelle un processus qui, très fréquent dans la névrose en général, est particulièrement accusé dans la manie dite de la persécution. Ce trait consiste à exagérer à l'excès l'importance d'une personne déterminée, à lui attribuer une puissance incroyablement illimitée, afin de pouvoir avec d'autant plus de droit et de raison lui attribuer la responsabilité de ce qui arrive au malade de pénible et de désagréable. Et, à vrai dire, les sauvages ne procèdent pas autrement envers leur roi, lorsque, lui ayant attribué le pouvoir de provoquer ou de faire cesser la pluie, de régler l'éclat du soleil, la direction du vent, etc., ils le renversent ou le tuent, parce que la nature les a déçus dans leur attente d'une fructueuse chasse ou d'une bonne récolte. Le tableau que le paranoïaque reproduit dans sa manie de la persécution est celui des rapports entre l'enfant et le père. Celui-là attribue régulièrement une pareille toute-puissance à celui-ci, et l'on constate que la méfiance à l'égard du père est en rapport direct avec le degré de puissance qu'on lui a attribué. Lorsqu'un paranoïaque a reconnu son « persécuteur » dans une personne de son entourage, il l'a promue, de ce fait, au rang d'un père, c'est-à-dire qu'il l'a placée dans des conditions qui lui permettent de le rendre responsable de tous les malheurs imaginaires dont il est victime. Cette seconde analogie entre le sauvage et le névrosé nous montre à quel point l'attitude, du sauvage à l'égard de son roi reflète l'attitude infantile du fils à l'égard du père.

Mais les arguments les plus forts en faveur de notre manière de voir, fondée sur une comparaison entre les prescriptions tabou et les symptômes des névroses, nous sont fournis par le, cérémonial tabou lui-même, dont nous avons montré plus haut le rôle important dans les fonctions royales. Le double sens de ce cérémonial nous apparaîtra comme certain et son origine à partir de tendances ambivalentes sera pour nous au-dessus de toute contestation, si nous consentons seulement à admettre qu'il se propose dès le début de produire les effets par lesquels il se manifeste. Ce cérémonial ne sert pas seulement à distinguer les rois et à les élever au-dessus de tous les autres mortels : il transforme encore leur vie en enfer, en fait un fardeau insupportable et leur impose une servitude bien plus onéreuse que celle de leurs sujets. Ce cérémonial nous apparaît donc comme l'exact pendant de l'action obsédante de la névrose où la tendance réprimée et la tendance réprimante obtiennent une satisfaction simultanée et commune. L'action obsédante est *apparemment* un acte de défense contre ce qui est interdit ; mais nous pouvons dire qu'elle West *en réalité* que la reproduction de ce qui est interdit. *L'apparence* se rapporte à la vie psychique consciente, la *réalité* à la vie inconsciente. C'est ainsi que le cérémonial tabou des rois est en apparence une expression du plus profond respect et un moyen de procurer au roi la plus complète sécurité ; mai ; il est en réalité un châtiment pour cette élévation, une vengeance que les sujets tirent du roi pour les honneurs qu'ils lui accordent. Pendant qu'il était gouverneur de son île, le Sanche Pança de Cervantès a eu l'occasion d'éprouver sur lui-même à quel point cette conception du cérémonial est exacte. Il est possible que si les vois et souverains d'aujourd'hui voulaient bien nous faire leurs confessions, ils nous apporteraient de nouvelles preuves en faveur de cette manière de voir.

Pourquoi l'attitude affective à l'égard du souverain comporte-t-elle un élément si puissant d'hostilité inconsciente? La question est très intéressante, mais sa solution dépasserait le cadre de ce travail. Nous avons déjà fait allusion au complexe paternel de l'enfance ; ajoutons encore que l'examen de l'histoire primitive de la royauté serait de nature à nous apporter une réponse décisive à cette question. D'après les explications très impressionnantes, mais, de son propre avis, peu probantes de Frazer, les premiers rois étaient des étrangers qui, après une brève période de règne, étaient sacrifiés à la divinité dont ils étaient les représentants, avec accompagnement de fêtes solennelles [21]. On retrouve encore l'écho de cette histoire primitive de la royauté dans les mythes du christianisme.

c) *Le tabou des morts*

Nous savons que les morts sont des dominateurs puissants ; et nous serons peut-être étonnés d'apprendre qu'ils sont aussi considérés comme des ennemis.

En nous en tenant à la comparaison avec la contagion, dont nous avons fait usage précédemment, nous pouvons dire que le tabou des morts manifeste chez la plupart des peuples primitifs une violence particulière, aussi bien par les suites qu'entraîne le contact avec les morts que dans la manière dont sont traités ceux qui sont en deuil d'un mort. Chez les Maori, tous ceux qui ont touché à un mort ou assisté à un enterrement deviennent extrêmement impurs et sont privés de toute communication avec leurs semblables, autant dire « boycottés ». Un homme souillé par le contact d'un mort ne pouvait pas entrer dans une maison, toucher une personne ou un objet, sans les rendre impurs. Il ne devait même pas toucher à la nourriture de ses mains devenues hors d'usage, à cause de leur impureté. On déposait la nourriture par terre devant lui, et il devait se débrouiller, comme il pouvait, avec ses lèvres et ses dents, les mains croisées derrière le dos.

Quelquefois il lui était pertuis de se faire nourrir par une autre personne, laquelle devait s'acquitter de sa tâche, en prenant soin de ne pas toucher au malheureux, et qui était elle-même soumise à des restrictions non moins rigoureuses que celles de ce dernier. Il existait dans chaque village un individu abandonné, mis au ban de la société, qui vivait misérablement de quelques rares aumônes. Celui-ci avait seul la permission de s'approcher à une distance de la longueur d'un bras de celui qui avait rendu à un mort ses derniers devoirs. Quand la période d'isolement prenait fin et que l'homme impur pouvait de nouveau frayer avec ses semblables, toute la vaisselle dont il s'était servi pendant cette dangereuse période était détruite et tous les habits qu'il avait portés étaient jetés.

Les coutumes tabou, imposées à la suite du contact corporel avec un mort, sont les mêmes dans toute la Polynésie, toute la Mélanésie et une partie de l'Afrique ; la plus importante de ces coutumes consiste dans l'interdiction de toucher à la nourriture et dans la nécessité où se trouve l'individu interdit de se faire nourrir par d'autres, Fait à noter en Polynésie, et peut-être aussi aux îles Hawaï [22], les rois-prêtres sont soumis aux mêmes restrictions pendant l'exercice de leurs actes sacrés. A Tonga, la durée et la rigueur de l'interdiction varient avec la force tabou inhérente aussi bien au mort qu'à l'individu qui s'est trouvé en contact avec lui. Celui qui touche le cadavre d'un chef, devient impur pour dix mois ; mais s'il est chef lui-même, son impureté ne dure que trois, quatre ou cinq mois, selon le rang du mort ; lorsqu'il s'agit du cadavre d'un chef suprême divinisé, le tabou était de dix mois, même pour les plus grands chefs. Les sauvages croient fermement que ceux qui transgressent ces tabous tombent malades et meurent ; et leur foi est tellement robuste que, d'après ce que raconte un observateur, ils n'ont jamais eu le courage de s'assurer du contraire [23].

Analogues dans leur traits essentiels, mais beaucoup plus intéressantes pour nous sont les restrictions tabou auxquelles sont sujettes les personnes dont le contact avec les morts doit être compris au sens figuré du mot : parents en deuil, veufs et veuves. Si, dans les prescriptions citées plus haut, nous n'avons vu que l'expression typique de la virulence et du pouvoir de propagation du tabou, celles dont nous allons nous occuper maintenant nous permettent d'entrevoir les motifs mêmes du tabou, aussi bien les motifs allégués que ceux que nous pouvons considérer comme les motifs profonds, véritables.

Chez les Shuswap, de la Colombie Britannique, veufs et veuves doivent vivre isolés pendant la période de deuil ; ils ne doivent toucher de leurs mains ni leur tête ni leur corps ; tous les ustensiles dont ils se servent sont inutilisables pour les autres. Nul chasseur ne s'approcherait de la hutte habitée par une de ces personnes, car cela lui porterait malheur ; si l'ombre d'une personne en deuil venait à se projeter sur lui, il tomberait malade. Les personnes en deuil couchent sur des épis dont ils entourent également leur lit. Cette dernière pratique a pour but de tenir éloigné l'esprit du mort ; et plus significative encore est la coutume de certaines tribus nord-américaines, d'après laquelle la veuve doit porter pendant un certain temps, après la mort de son mari, un vêtement en forme de pantalon, fait avec des herbes sèches, afin de détourner d'elle l'approche de l'esprit. Cela nous autorise à penser que, même au sens « figuré », le contact est toujours conçu comme corporel, car l'esprit du mort ne se sépare pas des parents survivants et continue de « planer » autour d'eux pendant toute la durée du deuil.

Chez les Agutainos, habitants de Palawan, île des Philippines, » une veuve ne doit quitter sa cabane, pendant les 7 ou 8 premiers jours qui suivent la mort du mari, que la nuit, alors qu'elle ne s'expose pas à des rencontres. Celui qui l'aperçoit, est menacé de mort immédiate : aussi avertit-elle tout le monde de son approche, en frappant à chaque pas sur un arbre avec un bâton de bois ; les arbres qu'elles a frappés meurent desséchés. En quoi consiste le danger inhérent à une veuve, c'est ce que nous montre une autre observation. Dans le district Mekeo, de la Nouvelle-Guinée Britannique, un veuf perd tout ses droits civiques et vit pendant un certain temps en réprouvé. Il ne doit ni cultiver la terre, ni se montrer en publie, ni être vu dans le village et dans la rue. Il erre comme une bête sauvage dans les herbes hautes ou dans les buissons, afin de pouvoir se cacher facilement, dès qu'il aperçoit quelqu'un, surtout une femme. Ce détail nous permet de voir dans la tentation le principal danger que présentent le veuf et la veuve. L'homme qui a perdu sa femme doit se mettre à l'abri de toute tentation de la remplacer ; la veuve doit lutter contre la même velléité, et en outre, n'ayant pas de maître, elle est susceptible d'éveiller les convoitises d'autres hommes, car s'abandonner ainsi aux tentations est un acte contraire au sens du deuil et ne peut qu'allumer la colère de l'esprit [24].

Une des plus bizarres, mais aussi des plus instructives, coutumes du tabou se rapportant au deuil chez les primitifs consiste dans l'interdiction de prononcer le nom du mort. Cette coutume est extrêmement répandue, présente de nombreuses variations et a eu des conséquences très importantes.

Outre chez les Australiens et les Polynésiens, chez lesquels les coutumes tabou se sont le mieux conservées, nous retrouvons la même prohibition chez des peuples aussi éloignés les uns des autres et aussi différents que les Samoyèdes de Sibérie et les Todas de l'Inde méridionale, chez les Mongols de la Tartarie et les Touaregs du Sahara, chez les Aïnos du Japon et les Akambas et les Nandi du Centre-Afrique, chez les Tinguans des Philippines et les habitants des îles Nicobar, de Madagascar et de Bornéo [25]. Chez quelques-uns de ces peuples, la prohibition dont il s'agit et les conséquences qu'elle comporte ne sont valables que pendant la durée du deuil, chez d'autres elles sont permanentes, mais semblent presque partout perdre de leur rigueur avec le temps.

L'interdiction de prononcer le nom du mort est généralement observée avec beaucoup de rigueur. C'est ainsi que certaines tribus sud-américaines considèrent que c'est infliger aux survivants la plus grave offense que de prononcer devant eux le nom du parent mort, et la punition qu'entraîne cette offense est la même que celle dont est frappé le meurtre [26]. Il n'est pas facile de comprendre la raison de la sévérité de cette interdiction mais les dangers se rattachant à cet acte ont fait naître une foule d'expédients, intéressants et significatifs à beaucoup d'égards. C'est ainsi que les Massaï, de l'Afrique, ont eu recours au moyen qui consiste à changer le nom du décédé immédiatement après sa mort ; à partir de ce moment, il peut être nommé sans crainte, toutes les interdictions ne se rapportant qu'à son ancien nom. Ce faisant, on suppose que l'esprit ne connaît pas son nouveau nom et ne sait pas que c'est de lui qu'il s'agit. Les tribus australiennes de l'Adélaïde et de l'Encounter Bay poussent leurs précautions plus loin : après une mort, toutes les personnes dont les noms ressemblaient à celui du défunt prennent d'autres noms. Parfois tous les parents du défunt changent de nom, sans aucune considération de ressemblance ; c'est ce qui a été observé chez certaines tribus de Victoria, dans l'Amérique du Nord. Et chez les Gayacurus, du Paraguay, le chef donnait, dans ces tristes occasions, à tous les membres de la tribu de nouveaux noms qui leur restaient et dont ils se prévalaient, comme s'ils les avaient toujours portés [27].

En outre, lorsque le défunt avait porté un nom qui était aussi celui utilisé pour désigner un animal, un objet, etc., certains de ces peuples jugeaient nécessaire de donner également à cet animal ou à cet objet un nouveau nom, afin que rien dans la conversation n'éveillât le souvenir du défunt. Il en résultait une instabilité, un changement continuel du vocabulaire qui était pour les missionnaires une source de grandes difficultés, surtout chez les peuples qui avaient une horreur permanente des noms.

Au cours des sept années que le missionnaire Dobrizhofer passa chez les Abipons de l'Uruguay, le nom du jaguar a été changé trois fois, et les mots servant à désigner le crocodile, les épines, l'abattage des animaux ont subi le même sort [28]. Mais, la crainte de prononcer un nom ayant appartenu à un défunt s'amplifie et s'étend à tout ce qui se rapporte de loin ou de près à ce défunt ; la grave conséquence de ce processus de répression consiste en ce que ces peuples n'ont ni tradition ni souvenirs historiques et n'offrent aucun document certain à celui qui étudie leur histoire primitive. Certains de ces peuples primitifs ont cependant adopté des coutumes compensatrices, dont l'une consiste à conserver les noms des morts en les donnant à des enfants, considérés comme des réincarnations des morts.

Ces tabou de noms apparaissent moins bizarres, si l'on songe que pour le sauvage le nom constitue une partie essentielle de la personnalité, une propriété importante, et qu'il possède toute sa signification concrète. Ainsi que je l'ai montré ailleurs, nos enfants procèdent exactement de la même manière : ils ne se contentent jamais d'admettre une simple ressemblance verbale, mais concluent logiquement d'une ressemblance phonétique entre deux mots, à la ressemblance de nature entre les objets que ces mots désignent. Et même l'adulte civilisé, s'il analysait son attitude dans beaucoup de cas, n'aurait pas de peine à constater qu'il n'est pas aussi loin qu'il le croit d'attacher aux propres une valeur essentielle et de trouver que son nom ne fait qu'un avec sa personne. Rien d'étonnant, dans ces conditions, si la pratique psychanalytique trouve si souvent l'occasion d'insister sur l'importance qu'attribue aux noms la pensée inconsciente [29]. Les névrosés obsédés se comportent à l'égard des noms, et l'on pouvait prévoir ce fait a priori, tout comme les sauvages. Ils réagissent (comme les autres névroses d'ailleurs) par le même « complexe de sensibilité » à l'énoncé ou à la perception auditive de certains mots et noms, et bon nombre de leur troubles proviennent de leur attitude à l'égard de leur propre nom. Une de ces malades tabou, que j'ai connue, a pris le parti d'éviter d'écrire son nom, de crainte qu'il ne tombe entre les mains de quelqu'un qui se trouverait ainsi en possession d'une partie de sa personnalité. Dans ses efforts désespérés pour se défendre contre les tentations de sa propre imagination, elle s'était imposé la règle de ne rien livrer de sa personne, qu'elle identifiait en premier lieu avec son nom, en deuxième lieu avec son écriture. Aussi a-t-elle fini par renoncer à écrire quoi que ce soit.

Nous ne sommes donc plus surpris par le fait que les sauvages voient dans le nom une partie de la personne et en fassent l'objet du tabou concernant le défunt. Le fait d'appeler le mort par son nom se laisse d'ailleurs ramener, lui aussi, au contact avec le mort. Aussi devons-nous à présent aborder un problème plus vaste et nous demander pour quelles raisons ce contact est frappé d'un tabou aussi rigoureux.

L'explication qui vient tout naturellement à l'esprit est celle qui invoque l'horreur instinctive qu'inspirent le cadavre et les altérations anatomiques qu'on observe après la mort. On pourrait ajouter à cette raison celle qu'on tire du deuil dans lequel la mort d'un proche plonge sa famille et son entourage. Et, cependant, l'horreur qu'inspire le cadavre ne suffit évidemment pas a expliquer tous les détails des prescriptions tabou, et le deuil ne nous explique pas pourquoi l'énoncé du nom du mort constitue une grave offense pour les survivants. Les gens pleurant un mort préfèrent s'occuper de tout ce qui le leur rappelle, conservent de lui un souvenir aussi durable que possible. Les particularités des coutumes tabou doivent donc avoir d'autres raisons et répondre à des intentions portant sur d'autres fins. Ce sont précisément les tabou des noms qui nous révèlent ces raisons inconnues ; et même, en l'absence des coutumes, les données que nous pouvons recueillir auprès des sauvages en deuil suffiraient à nous édifier.

Les sauvages ne cherchent pas à dissimuler la *peur* que leur inspire la présence de l'esprit et la *crainte* qu'ils éprouvent à l'idée de son retour possible ; ils ont recours à une foule de cérémonies destinées à le tenir à l'écart, à le chasser [30]. Prononcer son nom, c'est user d'un exorcisme qui ne peut avoir pour effet que de rendre l'esprit présent et actuel [31]. Aussi font-ils tout ce qu'ils peuvent pour s'opposer à cet exorcisme et pour empêcher ainsi le réveil de l'esprit. Ils se travestissent, afin que l'esprit ne puisse les reconnaître [32], ou bien ils déforment leur nom ou le nom du mort ; ils sont furieux contre l'étranger sans scrupules *qui*, en prononçant le nom du mort, dresse celui-ci contre les vivants. Il est impossible de se soustraire à la conclusion qu'ils souffrent, pour nous servir de l'expression de Wundt, de la peur que leur inspire « son âme devenue démon » [33].

En adoptant cette conclusion, nous nous rapprocherions de la conception de Wundt qui, d'après ce que nous savons déjà, explique le tabou par la crainte des démons.

Cette théorie repose sur l'idée d'après laquelle le cher disparu se transformerait au moment même de sa mort en un démon de la part duquel les survivants ne peuvent s'attendre qu'à une attitude hostile et dont ils cherchent à écarter les mauvaises dispositions par tous les moyens possibles. Idée tellement bizarre qu'on éprouve tout d'abord une forte hésitation à l'admettre. Mais tous, ou presque tous les auteurs compétents sont unanimes à attribuer aux primitifs cette manière de voir. Dans son ouvrage *Ursprung und Entwickelung der Moralbegriffe*, Westermarck, *qui*, à mon avis, attache au tabou trop peu d'importance, s'exprime ainsi, dans le chapitre consacré à « l'attitude à l'égard des morts » : « Les faits en ma possession m'autorisent à formuler cette conclusion générale que les morts sont considérés plus souvent comme des ennemis que comme des amis, et que Jevons et Grant Allen se trompent, lorsqu'ils affirment qu'on croyait autrefois que la méchanceté des morts était dirigée principalement contre les étrangers, alors qu'ils étendaient leur sollicitude paternelle sur leurs descendants et les membres de leur clan » [34].

B. Kleinpaul a essayé, dans son ouvrage très suggestif, d'expliquer les rapports entre morts et vivants chez les peuples primitifs à l'aide des survivances de l'ancienne croyance animiste chez les civilisés [35]. Il arrive, lui aussi, à la conclusion que les morts cherchent à attirer, les vivants à l'égard desquels ils nourrissent des intentions homicides. Les morts tuent ; le squelette, qui représente la forme *actuelle* de la mort, montre que la mort elle-même n'est qu'un homme mort. Le vivant ne se sentait à l'abri des poursuites du mort que lorsqu'il était séparé de celui-ci par un cours d'eau. C'est pourquoi on enterrait volontiers les morts dans des îles, sur la rive opposée d'un fleuve ; les expressions « en-deçà » et « au-delà » n'auraient pas d'autre origine. Par une atténuation ultérieure, la méchanceté, au lieu d'être attribuée à tous les morts, n'est restée que la caractéristique de ceux auxquels, on pouvait reconnaître un certain droit à la colère et à la rancune : les hommes assassinés qui, transformés en mauvais esprits, poursuivaient sans cesse leurs meurtriers ; ou les hommes qui, comme les fiancés, étaient morts avant d'avoir pu satisfaire leurs désirs. Mais primitivement, pense Kleinpaul, tous les morts étaient des vampires, tous poursuivaient, pleins de colère, les vivants et ne songeaient qu'à leur nuire, qu'à les dépouiller de leur vie. C'est le cadavre qui a fourni la première notion du « mauvais esprit ».

L'hypothèse, d'après laquelle les morts les plus chers se trouveraient transformés en démons, fait surgir tout naturellement une. autre question : quelles furent les raisons qui ont poussé les primitifs à attribuer à leurs Morts une pareille transformation affective? Pour quoi en faisaient-ils des démons ? Westermarck croit qu'il est facile de répondre à cette question [36]. « La mort étant le plus grave malheur pouvant frapper l'homme, on pense que les décédés ne peuvent être qu'au plus haut degré mécontents de leur sort. D'après la conception des peuples primitifs, on ne meurt que de mort violente, causée soit par la main de l'homme, soit par un sortilège ; c'est pourquoi la mort rend toujours l'âme irascible et avide de vengeance. On suppose que, jalouse des vivants et voulant se retrouver dans la société des anciens parents, elle cherche à les faire mourir en les frappant de maladies - seul moyen pour elle de réaliser son désir d'union... Une autre explication de la méchanceté attribuée aux âmes doit être cherchée dans la peur instinctive qu'elles inspirent,- peur qui résulte, à son tour, de l'angoisse qu'on éprouve devant la mort »

L'étude des troubles psychonévrotiques nous met sur la voie d'une explication plus vaste, englobant celle donnée par Westermarck.

Lorsqu'une femme a perdu son mari ou lorsqu'une fille a vu mourir sa mère, il arrive souvent que les survivants deviennent la proie de doutes pénibles, que nous appelons « reproches obsédants », et se demandent s'ils n'ont pas eux-mêmes causé, par leur négligence ou leur imprudence, la mort de la personne aimée. Ils ont beau se dire qu'ils n'ont rien négligé pour prolonger la vie du ou de la malade, qu'ils ont rempli consciencieusement tous leurs devoirs envers le disparu ou la disparue : rien n'est capable de mettre fin à leurs tourments qui représentent une sorte d'expression pathologique du deuil et ne s'atténuent qu'avec le temps. L'examen psychanalytique de ces cas nous a révélé les raisons secrètes de cette souffrance. Nous savons que les reproches obsédants sont, dans une certaine mesure, justifiés et résistent victorieusement à toutes les objections et à toutes les protestations. Cela ne veut pas dire que la personne en deuil soit réellement coupable de la mort du parent ou ait commis une négligence à son égard, ainsi que le prétend le reproche obsédant : cela signifie tout simplement que la mort du parent a procuré une satisfaction à un désir inconscient qui, s'il avait été assez puissant, aurait provoqué cette mort. C'est contre ce désir inconscient que réagit le reproche après la mort de l'être aimé. On retrouve une pareille hostilité, dissimulée derrière un amour tendre, dans presque tous les cas de fixation intense du sentiment sur une personne déterminée : c'est le cas classique, le prototype de l'ambivalence de l'affectivité humaine. Cette ambivalence est plus ou moins prononcée, selon les hommes ; normalement, elle n'est pas assez forte pour provoquer les reproches obsédants dont nous venons de parler. Mais dans les cas où elle existe à un degré très prononcé, elle se manifeste d'une manière d'autant plus intense que l'être perdu était plus cher et plus aimé, et dans des circonstances où l'on s'y attend le moins. La disposition à la névrose obsessionnelle qui nous a si souvent servi de terme de comparaison dans la discussion sur la nature du tabou, nous paraît précisément caractérisée par un degré excessivement prononcé de cette ambivalence affective originelle.

Nous connaissons maintenant le facteur susceptible de nous fournir l'explication et du prétendu démonisme des âmes de personnes mortes récemment et de la nécessité pour les survivants de se défendre contre l'hostilité de ces âmes. Si nous admettons que la vie affective des primitifs est ambivalente à un degré très prononcé, comme la vie affective des malades obsédés, telle que nous la révèle la psychanalyse, nous ne trouverons pas étonnant qu'à la suite d'une perte douloureuse ceux-là réagissent de la même manière que ceux-ci contre l'hostilité existant à l'état latent dans l'inconscient. Mais ce sentiment si pénible subit chez le primitif un sort différent de celui que nous observons chez les névrosés : il est extériorisé, attribué au mort lui-même. C'est là un processus de défense que nous appelons, aussi bien dans la vie psychique normale que morbide, *projection*. Le survivant se défend d'avoir jamais éprouvé un sentiment hostile à l'égard du cher disparu ; c'est, pense-t-il, l'âme de ce disparu qui nourrit ce sentiment qu'elle cherchera à assouvir pendant toute la durée du deuil. Le caractère de pénalité et de remords que présente cette réaction affective se manifestera, malgré la défense par la projection, par la crainte, par des privations et des restrictions qu'on s'imposera et qui attesteront le caractère de mesures de protection contre le démon hostile. Nous constatons ainsi une fois de plus que le tabou est né sur le sol d'une ambivalence affective, qu'il est le produit d'une opposition entre la douleur consciente et la satisfaction inconsciente, l'une et l'autre occasionnées par là mort. Étant donné cette origine de la colère des esprits, on comprend que ce soient les survivants les plus proches, ceux que le défunt avait le plus aimés qui aient surtout à craindre sa rancune.

Ici encore les prescriptions tabou présentent, comme les symptômes des névroses, une double signification : si, d'une part, elles expriment, par les restrictions qu'elles imposent, le sentiment de douleur qu'on éprouve à la mort d'un être aimé, elles laissent transparaître, d'autre part, ce qu'elles voudraient cacher, à savoir l'hostilité envers le mort à laquelle elles donnent maintenant un caractère de nécessité. Nous avons vu que certaines prohibitions tabou s'expliquent par la crainte de la tentation. Le mort étant désarmé, on pourrait être tenté de satisfaire le sentiment d'hostilité qu'on nourrit à son égard : or, la prohibition est destinée précisément à S'opposer à cette tentation.

Westermarck a cependant raison, lorsqu'il affirme que le sauvage ne fait aucune différence entre la mort violente et la mort naturelle. Pour la pensée inconsciente, la mort naturelle, est, elle aussi, un produit de la violence : ce sont les mauvais désirs qui tuent dans ces cas [37]. Ceux qui s'intéressent à l'origine et à la signification des rêves portant sur la mort de parents proches et chers (parents, frères et sœurs) trouveront que le rêveur, l'enfant et le sauvage se comportent d'une manière absolument identique envers le mort, en vertu même de l'ambivalence affective qui leur est commune.

Nous nous sommes déclarés plus haut en opposition avec une conception de Wundt, d'après laquelle le tabou ne serait que l'expression de la crainte qu'inspirent les démons ; et cependant nous venons de faire nôtre l'explication qui ramène le tabou des morts à la crainte qu'inspire l'âme du mort, devenue démon. Cela pourrait sembler une contradiction ; mais rien ne nous sera plus facile que de résoudre cette contradiction. Nous avons bien accepté la conception des démons, mais sans voir en elle un élément psychologique irréductible. Nous avons pu pénétrer au-delà de cet élément, en concevant les dénions comme des projections des sentiments hostiles que les survivants nourrissent envers les morts.

Cette manière de voir étant bien établie, nous prétendons que ces sentiments à caractère double, c'est-à-dire à la fois tendres et hostiles, cherchent à se manifester, à s'exprimer simultanément au moment de la mort, sous la forme de douleur et de satisfaction. Entre ces deux sentiments opposés un conflit est inévitable, et comme l'un de ces sentiments, l'hostilité, est en grande partie inconscient, le conflit ne peut se résoudre par une soustraction des deux intensités, avec acceptation consciente de la différence, comme, par exemple, dans les cas où l'on pardonne à une personne aimée une injustice dont elle s'est rendue coupable envers celui qui l'aime. Le procès se termine plutôt par l'entrée en jeu d'un mécanisme psychique particulier qu'on désigne habituellement dans la psychanalyse sous le nom de *projection*. L'hostilité, dont on ne sait rien et ne veut rien savoir, est projetée de la perception interne dans le monde extérieur, c'est-à-dire détachée de la personne même qui l'éprouve, pour être attribuée à une autre. Ce n'est plus nous, les survivants, qui sommes contents d'être débarrassés de celui qui n'est plus ; bien au contraire : nous pleurons sa mort, mais c'est lui qui est devenu un mauvais démon que notre malheur réjouirait et qui cherche à nous faire périr. Aussi les survivants doivent-ils se défendre contre cet ennemi ; ils ne se sont libérés d'une oppression intérieure que pour l'échanger contre une angoisse ayant une source extérieure.

Sans doute, cette projection, grâce à laquelle le décédé se trouve transformé en un ennemi malfaisant, peut trouver sa justification dans le souvenir de certaines manifestations hostiles qu'on a réellement eu à reprocher au défunt : sévérité, tyrannie, injustices et tant d'autres actes de malveillance qui forment l'arrière-fond des relations humaines même les plus tendres. Mais ce serait adopter une explication trop simpliste que de voir dans ce facteur une raison suffisant à justifier la création de démons par le processus de la projection. Les fautes dont se sont rendus coupables, pendant leur vie, ceux qui ne sont plus peuvent certainement expliquer, jusqu'à un certain degré, l'hostilité des survivants, mais non l'hostilité attribuée aux morts, et d'ailleurs le moment de la mort serait très mal choisi pour faire revivre le souvenir de tous les reproches qu'on se croit en droit de leur adresser. Nous ne pouvons donc pas ne pas voir dans l'hostilité inconsciente le motif constant et décisif de l'attitude dont nous nous occupons. Ces sentiments hostiles à l'égard des parents les plus proches et les plus chers pouvaient bien rester latents, tant que ces parents étaient en vie, c'est-à-dire ne pas se révéler à la conscience, directement ou indirectement, par une formation substitutive quelconque. Mais après la mort des personnes à la fois aimées et haïes, cette situation ne peut subsister et le conflit doit nécessairement prendre un caractère aigu. La douleur née d'un surcroît de tendresse se révolte, d'une part, de plus en plus contre l'hostilité latente et ne peut pas, d'autre part, admettre que cette hostilité engendre un sentiment de satisfaction. C'est ainsi que s'effectue le refoulement de l'hostilité inconsciente par le moyen de la projection, avec formation du cérémonial dans lequel s'exprime la crainte du châtiment de la part des démons ; et à mesure qu'on s'éloigne du moment de la mort, le conflit perd de plus en plus de son acuité, ce qui doit avoir pour effet l'affaiblissement ou même l'oubli des tabou se rapportant aux morts.

---

1. Troisième édition, 2e partie : Taboo and *the perils of the soul*, *1911*.
2. Frazer, l. c., p. 106.
3. Frazer, *Adonis, Attis, Osiris, p. 248*, 1907. D'après Hugh Low, Sarawak, London, *1848*.

4. J. 0. Dorsay, chez Frazer, *Taboo,* etc., p. *181.*
5. Frazer : T*aboo,* etc., p. 169 et suivantes; p. 174. Ces cérémonies consistent à frapper avec des boucliers, à crier, à pousser des hurlements, à produire toutes sortes de bruits avec tous les instruments possibles.
6. Frazer: Taboo, etc., p. 166. D'après Müller: Reizen en Onderzoekingen in den Indischen Archipel. Amsterdam, 1851.
7. A propos de ces exemples, voir Frazer : Taboo, etc.; pp. 165-190 *Manslayers tabooed.*
8. Frazer : Taboo, p. 132 : « He must not only be guarded, he must also *be* guarded against ».
9. Frazer: *The magic art, 1, p. 368.*
10. *Old New Zealand,* by a Pakeha Maori (London, 1884), chez Frazer *Taboo, p. 135.*
11. W. Brown, : New *Zealand and his Aborigines* (London, 1845), chez Frazer, *ibid.*
12. Frazer, l. c.
13. Frazer : T*aboo. The burden of royalty, p. 7.*
14. L. c., p. 7.
15. Kämpfer : History of *Japan, chez Frazer, l. c.,* p. 3.
16. A. Bastian, *Die deutsche Expedition an der Loangoküste, lena 1814,* chez Frazer, l. c.
17. Frazer, l. c., p. 13.
18. Frazer, l. c., p. 11.
19. A. Bastian, Die *deutscheExpedition an der Loangoküste,* chez Frazer, l. c., p. 18.
20. L. c., p. 18, d'après Zweifel et Moustier : Voyage aux sources du Niger, 1880.
21. Frazer, The *magic art and the evolution of Kings, 2 vol., 1911. (The golden baugh).*
22. Frazer, Taboo, p. 138 et suivantes.
23. W. Mariner, *The natives* of *the Tonga Islands,* 1818, chez Frazer, l. c., p. 110.
24. La malade dont j'ai plus haut (p. 45) comparé les « impossibilités » à celles imposées par les tabous, avouait qu'elle était indignée chaque fois qu'elle rencontrait dans la rue une personne portant le deuil. « à cet gens-là, disait-elle, il devrait être défendu de sortir ! »
25. Frazer, l. c., p. 353.
26. Frazer, l. c., 352 et suivantes.
27. D'après un observateur espagnol (1732), cité par Frazer, l. c., p. 351.
28. Frazer, l. c., p. 360.
29. Stekel, Abraham.
30. Frazer cite, sous ce rapport, l'aveu des Touaregs du Sahara (l. c., p. 353).

31. Il convient peut-être de formuler ici une réserve : tant qu'il subsiste encore quelque chose de ses restes corporels. Frazer, l. c., p. 372.
32. Aux îles Nicobar, Frazer, l. c.. p. 382.
33. Wundt, *Mythus* und Religion, vol, II, p. 49.
34. Westermarck, l. c., vol. II, p. 424. Le texte de cet ouvrage et les notes qui l'accompagnent contiennent, à l'appui de cette manière de voir, de nombreux témoignages, souvent très caractéristiques ; par exemple : les Maoris croyaient « que les parents les plus proches et les plus aimés changeaient de nature après leur mort et devenaient mal intentionnés envers ceux qu'ils avaient aimés ». Les nègres australiens croient que le mort reste nuisible pendant longtemps ; la crainte est d'autant plus grande que la parenté, est plus proche. Les Esquimaux du centre sont convaincus que les morts ne s'apaisent qu'au bout d'un temps très long, mais qu'ils sont à craindre au début comme des esprits malfaisants qui errent à travers le village,. pour y semer la maladie, la mort et d'autres malheurs.
35. R. Kleinpaul, *Die Lebendigen und die Toten im Volksglauben. Religion und Sage 1898.*
36. L. c., p. 426.
37. Voir plus loin, chapitre III.

LE TABOU ET L'AMBIVALENCE DES SENTIMENTS - IV

Après avoir ainsi exploré le terrain sur lequel sont nés les tabou si instructifs, relatifs aux morts, nous allons rattacher aux résultats obtenus quelques remarques qui peuvent avoir une grande importance pour l'intelligence du tabou en général.

La projection de l'hostilité inconsciente sur les démons, qui caractérise le tabou des morts, n'est qu'un, des nombreux processus du même genre auxquels on doit attribuer la plus grande influence sur la formation de la vit psychique primitive. Dans le cas qui nous intéresse, la projection sert à résoudre un conflit affectif ; et elle remplit le même rôle dans un grand nombre de situations psychiques ayant pour aboutissant la névrose. Mais la projection n'est pas uniquement un moyen de défense ; on l'observe également dans des cas où il n'est pas question de conflit. La projection au dehors de perceptions intérieures est un mécanisme primitif auquel sont soumises également nos perceptions sensorielles, par exemple, et qui joue, par conséquent, un rôle capital dans notre mode de représentation du monde extérieur. Dans des conditions encore insuffisamment élucidées, nos perceptions intérieures de processus affectifs et intellectuels sont, comme les perceptions sensorielles, projetées au dehors et utilisées pour la formation (lu monde extérieur, au lieu de rester localisées dans notre monde intérieur. Au point de vue génétique, cela s'explique peut-être par le fait que, primitivement, la fonction de l'attention s'exerce, non sur le monde intérieur, mais sur les excitations venant du inonde extérieur et que nous ne sommes avertis de nos processus endopsychiques que par les seules sensations de plaisir et de douleur. C'est seulement après la formation d'un langage abstrait que les hommes sont devenus capables de rattacher les restes sensoriels des représentations verbales à des processus internes ; ils ont alors commencé à percevoir peu à peu ces derniers. C'est ainsi que les hommes primitifs ont construit leur image du monde, en projetant au dehors leurs perceptions internes ; et cette image, nous devons la transposer de nouveau, en nous servant de termes psychologiques, utilisant pour cela la connaissance que nous avons acquise de la vie intérieure.

La projection des mauvaises tendances de l'individu au dehors et leur attribution à des démons font partie d'un système dont nous parlerons dans le chapitre suivant et qu'on peut appeler la « conception *animiste du* monde ». Nous aurons alors à dégager les caractères psychologiques de ce système et à chercher des points d'appui pour son explication dans l'analyse des systèmes que nous retrouvons dans les névroses. Nous nous bornerons à dire ici que tous ces systèmes se sont formés par un mécanisme dont le prototype est constitué par ce que nous avons appelé l' « élaboration secondaire » des contenus des rêves. N'oublions pas, en outre, qu'à partir du moment où le système est formé, tout acte soumis au jugement de la conscience peut présenter une double orientation : une orientation systématique et une orientation réelle, mais inconsciente [1].

Wundt [2] note ce fait que « parmi les actions que les mythes de tous les peuples attribuent aux démons, les *malfaisantes* l'emportent de beaucoup sur les bienfaisantes, de sorte qu'il est évident que dans la croyance des peuples les démons méchants sont plus anciens que les bons ». Il est fort possible que l'idée du démon découle en général des relations si significatives qui existent entre les morts et les survivants. L'ambivalence, inhérente à ces relations, se manifeste, au cours du développement humain, par deux courants opposes, mais provenant de la même source : la crainte des démons et des revenants, d'une part ; le culte des ancêtres, de l'autre [3]. Que les dénions soient toujours conçus comme étant les esprits de personnes mortes *récemment, - nous* en avons une preuve incontestable dans l'influence exercée par le deuil sur la formation de la croyance aux dénions. Le deuil a à remplir une mission psychique définie, qui consiste à établir une séparation entre les morts d'un côté, les souvenirs et les espérances des survivants, de l'autre. La résultat une fois obtenu, la douleur s'atténue, et avec elle s'atténuent le remords, les reproches qu'on s'adressait à soi-même et, par conséquent, la crainte du démon. Et alors les mêmes esprits, qui ont été redoutés comme des démons, deviennent l'objet de sentiments plus amicaux, sont adorés comme des ancêtres dont on invoque le secours dans toutes les occasions.

Si l'on suit l'évolution des rapports existant entre

survivants et morts, on constate que leur ambivalence a considérablement diminué avec le temps. Il est aujourd'hui facile de réprimer, sans grand effort psychique, l'hostilité inconsciente qui subsiste toujours à l'égard des morts. Là où il y avait autrefois lutte entre la haine satisfaite et la tendresse douloureuse, s'élève aujourd'hui, telle une formation cicatricielle, la piété qui exige, selon l'adage, *de mortuis nil nisi bene*. Seuls les névrosés troublent encore la douleur que leur cause la perte d'un proche par des accès de reproches obsédants dans lesquels la psychanalyse découvre les traces de l'ambivalence affective de jadis. Il n'y a pas lieu de rechercher ici la manière dont s'est effectué ce changement ni la art qui y revient à une transformation de nature et à une amélioration réelle des relations familiales. Mais on peut admettre comme un fait certain que *dans la vie psychique du primitif l'ambivalence joue un rôle infiniment plus grand que dans celle de l'homme civilisé de nos jours. La diminution de cette ambivalence a eu pour corollaire la disparition progressive du tabou qui n'est qu'un symptôme de compromis entre les deux tendances en conflit.* En ce qui concerne les névrosés, qui sont obligés de reproduire et cette lutte et le tabou qui en résulte, nous dirons qu'ils sont nés avec une constitution archaïque, représentant un reste atavique, dont la répression, exigée par les convenances de la vie civilisée, leur impose une dépense énorme d'énergie psychique.

Il y a lieu de nous rappeler ici les renseignements confus et obscurs que Wundt a donnés (voir plus haut) sur la double signification du mot tabou : sacré et impur. Primitivement, dit-il, le mot tabou ne signifiait ni *sacré* ni *impur* : il désignait tout simplement ce qui était démoniaque, ce à quoi il ne fallait pas toucher. il faisait ainsi ressortir un caractère important, commun aux deux notions, ce qui prouverait qu'il existait au début, entre ces deux domaines, une affinité, voire une confusion qui n'aurait cédé que peu à peu et beaucoup plus tard la place à la différenciation.

Telle est la conception de, Wundt. En opposition avec elle, l'analyse à laquelle nous nous sommes livrés nous autorise a conclure que le mot tabou présentait dès le début la double signification dont parle Wundt, qu'il servait à désigner une certaine ambivalence et tout ce qui découlait de cette ambivalence ou se rattachait à elle. Le mot tabou lui-même est un mot ambivalent, et nous croyons après-coup que si le sens de ce mot avait été bien établi, on aurait pu en déduire sans difficulté ce que nous n'avons obtenu qu'à la suite de longues recherches, à savoir que la prohibition tabou doit être conçue comme le résultat d'une ambivalence affective. L'étude des langues les plus anciennes nous a montré qu'il existait autrefois beaucoup de mots de ce genre qui servaient à exprimer chacun deux notions ,opposées et étaient ambivalents dans un certain sens, sinon tout à fait dans le même sens, que le mot tabou [4]. Certaines modifications phonétiques, imprimées au mot primitif à double sens, ont servi plus tard à créer une expression verbale particulière pour chacun des sens opposés qui étaient réunis dans ce mot.

Le mot tabou a eu un sort différent : l'importance de l'ambivalence qu'il désignait diminuant sans cesse, il a fini par disparaître complètement, lui et les mots analogues, du vocabulaire. J'espère pouvoir montrer un jour qu'au sort subi par cette notion se rattache une grande transformation historique, et que ce mot, qui servait au début à désigner des relations humaines parfaitement définies, caractérisées par une grande ambivalence affective, a été étendu ultérieurement à la désignation d'autres relations analogues.

Si nous ne nous trompons, l'analyse de la nature du tabou est faite pour projeter une certaine lumière sur la nature et l'origine de ce que nous appelons la conscience, bonne ou mauvaise. On peut, sans faire violence aux notions, parler d'un remords tabou, d'une conscience tabou, résultant de la transgression d'un tabou. Le remords tabou constitue probablement la forme la plus ancienne du remords, de la conscience en général.

Qu'est-ce qu'en effet la « Conscience » (bonne ou mauvaise) ? D'après le témoignage même de la langue, la conscience s'applique à ce qu'on sait de la façon la plus certaine. Il y a même des langues où il existe à peine une distinction entre la conscience morale et la conscience, au sens de la connaissance.

La conscience morale, c'est la perception interne de la répudiation de certains désirs que nous éprouvons, étant bien entendu que cette répudiation n'a pas besoin d'invoquer des raisons *quelconques, qu'elle* est sûre d'elle-même. *Ce* caractère ressort avec plus de netteté encore dans la conscience d'une faute, lors de la perception et de la condamnation intérieure d'actes que nous avons accomplis sous l'influence de certains désirs. Une motivation de, cette condamnation semble superflue : quiconque possède une conscience morale doit trouver en lui-même la justification de cette condamnation, doit être poussé par une force intérieure à se reprocher et à reprocher aux autres certains actes commis. Mais c'est précisément ce qui caractérise l'attitude du sauvage à l'égard du tabou, qui est un commandement de sa conscience morale et dont la transgression est suivie d'un épouvantable sentiment de culpabilité, aussi naturel qu'inconnu quant à ses origines [5].

C'est ainsi que la conscience morale naît probablement, elle aussi, sur le terrain de l'ambivalence affective. Découlant de certaines relations humaines, caractérisées par cette ambivalence, elle a pour conditions celles-là mêmes que nous avons assignées au tabou et à la névrose obsessionnelle, à savoir que l'un des deux termes de l'opposition demeure inconscient et est retenu à l'état de répression par l'autre, se manifestant avec une force obsédante. Cette conclusion se trouve confirmée par un grand nombre de données que nous a fournies l'analyse des névroses. Nous avons trouvé, en effet, en premier lieu, que le névrosé obsédé souffre de scrupules morbides qui apparaissent comme des symptômes de la réaction par laquelle le mal s'élève contre la tentation qui le guette dans l'inconscient et qui, à mesure que la maladie s'aggrave, s'amplifie, jusqu'à l'accabler sous le poids d'une faute qu'il considère comme inexpiable. On peut même risquer cette affirmation que s'il ne nous était pas possible de découvrir l'origine de la conscience morale par l'étude de la névrose obsessionnelle, nous devrions renoncer à tout espoir de jamais la découvrir. Or, cette origine, nous la saisissons chez l'individu névrosé ; aussi pouvons-nous espérer arriver un jour au même résultat, en ce qui concerne les peuples.

Un autre fait qui nous frappe, c'est que la conscience morale présente une grande affinité avec l'angoisse ; on peut, sans hésiter, la décrire comme une « conscience angoissante. » Or, l'angoisse, nous le savons, a sa source dans l'inconscient ; la psychologie des névroses nous a montré que lorsque des désirs ont subi un refoulement, leur libido se transforme en angoisse. Et, à ce propos, nous rappellerons que dans la conscience morale il y a aussi quelque chose d'inconnu et d'inconscient, à savoir les raisons du refoulement, de la répudiation de certains désirs.. Et c'est cet inconnu et inconscient qui détermine le caractère angoissant de la conscience morale.

Lorsqu'un tabou se manifeste principalement par des prohibitions, on pourrait admettre comme évident et ne nécessitant aucune confirmation tirée de l'analogie avec les névroses, le fait que ce tabou s'adresse à des, désirs positifs auxquels il doit sa naissance. On ne voit pas quelle nécessité il y aurait à défendre ce que personne ne désire faire, et dans tous les cas ce qui est défendu de la façon la plus formelle doit être l'objet d'un désir. Si nous appliquions ce raisonnement à nos primitifs, nous devrions conclure qu'ils sont littéralement poursuivis par la tentation de tuer leurs rois et leurs prêtres ou de commettre des incestes ou de maltraiter leurs morts. Cela est peu vraisemblable ; et cette proposition nous apparaît tout à fait absurde, lorsque nous l'appliquons à des cas où nous croyons entendre nous-mêmes distinctement la voix de la conscience. Nous sommes alors tentés d'affirmer, avec une assurance inébranlable, que nous n'éprouvons pas là moindre tentation de transgresser des commandements dans le genre de celui-ci : tu *ne tueras point*, et que l'idée seule d'une pareille transgression nous inspire de l'horreur.

Si l'on accorde à ce témoignage de notre conscience l'importance à laquelle il prétend, le commandement en général, aussi bien la prohibition tabou que le commandement moral, devient superflu et, d'autre part, le fait même de la conscience morale reste inexplicable, en même temps que nous échappent les relations existant entre conscience morale, tabou et névrose. Nous nous retrouvons dans la situation de ceux qui se refusent à appliquer à la solution du problème les points de vue de la psychanalyse.

Mais si nous tenons compte du fait révélé par la psychanalyse, par l'analyse notamment des rêves de personnes saines, à savoir que la tentation de tuer est plus forte en nous que nous ne le croyons et qu'elle se manifeste par des effets psychiques, alors même qu'elle échappe à notre conscience ; si nous admettons, en outre, - et nous avons toutes les raisons de le faire, - que les prohibitions obsessionnelles des névrosée ne sont que des précautions et des châtiments qu'ils s'infligent eux-mêmes, parce qu'ils ressentent avec une force accrue la tentation de tuer, alors nous pourrons reprendre, en lui donnant une interprétation nouvelle, la proposition formulée plus haut : toutes les fois qu'il y a une prohibition, elle a dû être motivée par un désir, par une convoitise inavouée et inconsciente. Nous admettrons que cette tendance à tuer existe réellement dans l'inconscient et que le tabou, comme le commandement moral, loin d'être superflu, s'explique et se justifie par une attitude ambivalente à l'égard de l'impulsion au meurtre.

Le caractère, que nous avons reconnu comme fondamental, de cette attitude ambivalente, à savoir que le désir positif est inconscient, nous fait entre voir de nouvelles perspectives et de nouvelles possibilités d'explication. Les processus psychiques de l'inconscient, loin d'être en tous points identiques à ceux de notre vie consciente, jouissent de certaines libertés appréciables qui sont refusées 4 ces derniers. Une impulsion inconsciente n'est pas nécessairement née là où, nous la voyons se manifester ; elle peut provenir d'une source tout à fait différente, avoir porté au début sur d'autres personnes et d'autres relations et ne se trouver là où nous constatons sa présence qu'à la faveur des mécanismes du *déplacement.* Elle peut, en outre, étant donné l'indestructibilité et l'incorrigibilité des processus inconscients, s'être transportée d'une époque à laquelle elle était pour ainsi dire adaptée à une époque et à des circonstances ultérieures au milieu desquelles ses manifestations semblent bizarres et déplacées. Ce ne sont là que des indications, mais leur application attentive à chaque cas donné montrera toute l'importance qu'elles présentent par la lumière qu'elles projettent sur l'histoire du développement de la civilisation.

Avant de clore ces considérations, nous allons faire une remarque qui formera une sorte de préparation aux recherches ultérieures. Tout en affirmant l'identité de nature de la prohibition tabou et du commandement moral, nous ne constatons pas qu'il existe entre l'une et l'autre une différence psychologique. Si le commandement moral n'affecte plus la forme du tabou, la cause doit en être cherchée uniquement dans un changement survenu dans les conditions et les particularités de l'ambivalence.

Jusqu'à présent, nous nous sommes laissé guider, dans la considération psychanalytique des phénomènes tabou, par les analogies qui existent entre ces phénomènes et les manifestations des névroses. N'oublions cependant pas que le tabou n'est pas une névrose, mais une formation sociale. Nous avons donc à montrer en quoi consiste la différence de principe qui sépare la névrose du tabou.

Ici encore je prendrai, pour point de départ, un seul et unique fait. La transgression d'un tabou a pour sanction un châtiment, le plus souvent une grave maladie ou la mort. N'est menacé de ce châtiment que celui qui s'est rendu coupable de cette transgression. Il en est tout autrement dans la névrose obsessionnelle. Lorsque le malade est sur le point d'accomplir quelque chose qui lui est défendu, il craint le châtiment, non pour lui-même, mais pour une autre personne sur laquelle il ne donne aucune précision, mais que l'analyse révèle comme étant une des personnes qui lui sont les plus proches et les plus chères. Le névrosé se comporte donc dans cette occasion en altruiste, le primitif en égoïste. C'est seulement quand la transgression d'un tabou n'est pas suivie automatiquement et spontanément du châtiment du coupable, que les sauvages sentent s'éveiller en eux le sentiment collectif qu'ils sont menacés d'un danger, et ils s'empressent d'appliquer eux-mêmes le châtiment qui ne s'est pas produit spontanément, Il nous est facile d'expliquer le mécanisme de cette solidarité. C'est la crainte de l'exemple contagieux, de l'impulsion à l'imitation, donc de la nature infectieuse du tabou, qui entre en jeu. Lorsqu'un individu a réussi à satisfaire un désir refoulé, tous les autres membres de la collectivité doivent éprouver la tentation d'en faire autant ; pour réprimer cette tentation, il faut punir l'audace de celui dont on envie la satisfaction, et il arrive souvent que le châtiment fournit à ceux qui l'exécutent l'occasion de, commettre à leur tour, sous le couvert de l'expiation, le même acte impur. C'est là un des principes fondamentaux de la pénalité humaine, et il découle naturellement de l'identité des désirs refoulés chez le criminel et chez ceux qui sont chargés de venger la société outragée.

La psychanalyse confirme ici l'opinion des personnes pieuses qui prétendent que nous sommes tous de grands pécheurs. Comment expliquerions-nous maintenant. cette noblesse inattendue du névrosé qui ne craint rien pour lui-même et qui craint tout pour une personne aimée? L'examen analytique montre que cette noblesse n'est pas de nature primaire. Au début de son affection, le malade, comme le sauvage, redoute la menace du châtiment pour lui-même, tremble pour sa propre vie, et c'est seulement plus tard que la crainte de la mort se trouve déplacée sur une autre personne. Le processus est quelque peu compliqué, mais nous pouvons en embrasser toutes les phases. A la base de la prohibition se trouve généralement un mauvais désir, un souhait de mort formulé contre une personne aimée. Ce désir est refoulé par une prohibition ; mais celle-ci est rattachée à une certaine action qui, par suite d'un déplacement, se substitue à l'action hostile à l'égard de la personne aimée et dont l'exécution est menacée de la peine de mort. Mais le processus subit un développement ultérieur, à la suite duquel le souhait de mort formulé contre une personne aimée est remplacé par la crainte de voir cette personne mourir. En faisant preuve d'un tendre altruisme, la névrose ne fait donc que *compenser* l'attitude opposée qui est à sa base et qui est celle d'un brutal. égoïsme. Si nous donnons le nom de sociaux aux *sentiments se* rapportant à d'autres personnes, sans qu'il s'y mêle aucun élément sexuel, nous pouvons dire que la disparition de ces facteurs sociaux constitue un trait fondamental de la névrose, trait qui se trouve masqué à une phase ultérieure par une sorte de sur-compensation.

Sans nous appesantir sur l'origine de ces tendances sociales et sur leurs rapports avec les autres tendances fondamentales de l'homme, nous voulons mettre en relief, en nous appuyant sur un exemple, le deuxième caractère fondamental de la névrose. Dans ses manifestations extérieures, le tabou présente la plus grande ressemblance avec le délire du toucher des névrosés. Or dans le délire du toucher il s'agit régulièrement de la prohibition de contacts sexuels, et la psychanalyse a montré, d'une façon générale, que les tendances qui, dans la névrose, subissent une dérivation et un déplacement sont d'origine sexuelle. Dans le tabou, le contact prohibé n'a pas, selon toute évidence, une signification uniquement sexuelle : ce qui est encore prohibé, c'est le fait d'affirmer, d'imposer, de faire valoir sa propre personne. Lorsqu'il est défendu de toucher au chef ou à des objets avec lesquels il s'est trouvé en contact, on cherche par cette prohibition a inhiber une impulsion qui s'exprime dans d'autres occasions par une surveillance serrée du chef, voire par des sévices corporels qui lui sont infligés avant son couronnement (voir plus haut). *C'est ainsi que la prédominance des tendances sexuelles sur les tendances sociales constitue le trait caractéristique de la névrose.* Mais les tendances sociales elles-mêmes ne sont nées que du mélange d'éléments égoïstes et érotiques.

Cette dernière comparaison entre le tabou et la névrose obsessionnelle montre déjà les rapports qui existent entre les diverses formes de névrose et les formations sociales, ainsi que l'importance que présente l'étude de la psychologie des névroses pour l'intelligence du développement de la civilisation.

D'une part, les névroses présentent des analogies frappantes et profondes avec les grandes productions sociales de l'art, de la religion et de la philosophie ; d'autre Part, elles apparaissent comme des déformations de ces productions. On pourrait presque dire qu'une hystérie est une oeuvre d'art déformée, qu'une névrose obsessionnelle est une religion déformée et une manie paranoïaque un système philosophique déformé. Ces déformations s'expliquent, en dernière analyse, par le fait que les névroses sont des formations asociales, qu'elles cherchent à réaliser avec des moyens particuliers ce que la société réalise par le travail collectif. En analysant les tendances qui sont à la base des névroses, on trouve que les tendances sexuelles y jouent un rôle décisif, tandis que les formations sociales dont il a été question plus haut reposent sur des tendances nées d'une rencontre de facteurs égoïstes et de facteurs érotiques. Le besoin sexuel est impuissant à unir les hommes, comme le font les exigences de la conservation ; la satisfaction sexuelle est avant tout une affaire privée, individuelle.

Au point de vue génétique, la nature asociale de la névrose découle de sa tendance originelle à fuir la réalité qui n'offre pas de satisfactions, pour se réfugier dans un monde imaginaire, plein de promesses alléchantes. Dans ce monde réel que le névrosé fuit, règne la société humaine, avec toutes les institutions créées par le travail collectif ; en se détournant de cette réalité, le névrosé s'exclut lui-même de la communauté humaine.

---

1. Les créations projectives des primitifs se rapprochent des personnifications par lesquelles le poète extériorise, sous la forme d'individualités autonomes, les tendances opposées qui luttent dans son âme.
2. *Mythus und Religion*, II, p. 129.
3. En soumettant à l'étude psychanalytique des personnes névrosées, atteintes et ayant été atteintes dans leur enfance de la crainte des revenants, on découvre souvent et sans grande difficulté que ces revenants tant redoutés ne sont autres que les parents. Voir sur ce sujet le mémoire de P. Haeberlin, intitulé Sexualgespensler (Sexualprobleme, février 1912) ; il y est bien question d'un père décédé, mais le revenant est représenté par une autre personne, à nuance érotique.
4. Voir mon compte-rendu de l'ouvrage de M. Abel : Gegensinn *der Urworte*, dans « Jahrbuch für psychoanalyt. und psychopathol., Forschugen », vol. I, 1919.

5. Il est intéressant de mettre en parallèle le fait que la conscience de la faute, dans le tabou ne se trouve nullement diminuée, parce que la transgression a été accomplie inconsciemment (voir exemple plus haut), et le fait que dans le mythe grec la faute d'Oedipe reste une faute grave, bien qu'elle ait été accomplie à l'insu et en dehors de la volonté de son auteur.

ANIMISME, MAGIE ET TOUTE-PUISSANCE DES IDÉES

ANIMISME, MAGIE ET TOUTE-PUISSANCE DES IDÉES - I

C'est un défaut inévitable de tous les travaux qui se proposent d'appliquer aux sciences morales les pointe de vue de la psychanalyse de ne pouvoir donner au lecteur que des notions insuffisantes sur les unes et sur les autres. Aussi se bornent-ils à stimuler les spécialistes, à leur suggérer des idées qu'ils puissent utiliser dans leurs recherches. Mais le défaut en question sera particulièrement sensible dans un chapitre portant sur l'immense domaine de ce qu'on désigne sous le nom d'animisme [1].

Au sens étroit du mot, l'animisme est la théorie des représentations concernant l'âme ; au sens large du terme, la théorie des êtres spirituels en général. On distingue encore un *animatisme, qui* est la doctrine de la vivification de la nature que nous trouvons inanimée, et auquel se rattachent l'animalisme et le manisme. Le terme animisme, qui servait autrefois à désigner un système philosophique déterminé, semble avoir reçu sa signification actuelle de E. B. Tylor [2].

Ce qui a provoqué la création de tous ces termes, c'est la connaissance qu'on a acquise de la manière extrêmement curieuse dont les peuples primitifs connus, disparus ou encore existants, concevaient la nature et le monde. D'après cette conception, le monde serait peuplé d'un grand nombre d'êtres spirituels, bienveillants ou malveillants à l'égard des hommes qui attribuent à ces esprits et démons la cause de tout ce qui se produit dans la nature et considèrent que ces êtres animent non seulement les animaux et les plantes, mais même les objets en apparence inanimés. Un troisième élément, et qui est peut-être le plus important, da cette « philosophie de la nature » nous frappe beaucoup moins, parce qu'il nous est familier à nous-mêmes, bien que nous n'admettions guère l'existence des esprits et que nous expliquions aujourd'hui les processus naturels par l'action de forces physiques impersonnelles. Les primitifs croient notamment à une « animation » du même genre des êtres humains. Les personnes humaines, pensent-ils, contiennent des âmes qui peuvent abandonner leur séjour et aller s'attacher à d'autres hommes ; ces âmes sont les sources des activités spirituelles et, jusqu'à un certain point, indépendantes des « corps ». Primitivement, on se représentait les âmes comme très semblables aux individus, et c'est seulement à la suite d'un long développement qu'elles se sont dépouillées de tout élément matériel pour acquérir un degré de « spiritualisation » très élevé [3].

La plupart des auteurs sont portés à admettre que ces représentations relatives aux âmes constituent le noyau primitif du système animiste, que les esprits ne correspondent qu'aux âmes devenues indépendantes et que les âmes des animaux, des plantes et des choses sont conçues comme semblables aux âmes humaines.

Comment ces conceptions singulièrement dualistes, sur lesquelles repose le système animiste, ont-elles pu se former chez les hommes primitifs ? On suppose que ce fut à la suite des observations fournies par les phénomènes du sommeil (avec le rêve) et de la mort qui lui ressemble tant, ainsi qu'à la suite des efforts faits pour expliquer ces états si familiers à chaque individu. C'est principalement le problème de la mort qui a dû. fournir le point de départ de cette théorie. Aux yeux du primitif, la persistance. de la vie, l'immortalité, était une chose tout à fait naturelle. La représentation de la mort ne s'est formée que tardivement et n'a été acceptée qu'avec hésitation ; pour nous encore, elle est dépourvue de contenu et difficile à réaliser. Quant au rôle qu'ont pu jouer dans l'élaboration des théories animistes d'autres observations et expériences, celles, par exemple, relatives aux images apparaissant dans les rêves, aux ombres, aux images reflétées par les miroirs, etc., il a fait l'objet de discussions qui n'ont pas encore donné de résultat positif [4].

Le primitif ayant réagi sous l'action des phénomènes qui se sont imposés à sa réflexion par la formation de ses représentations des âmes, - c'est là un fait qu'on trouve tout à fait naturel et aussi peu énigmatique que possible. Wundt dit à ce sujet qu'on retrouve les mêmes représentations des âmes chez les peuples les plus divers et aux époques les plus diverses, que ces représentations « sont le produit psychologique nécessaire de la conscience créatrice des mythes et que l'animisme primitif doit être considéré comme l'expression spirituelle de *l'état naturel de l'humanité*, dans la mesure où cet état est accessible à notre observation » [5]. On trouve déjà la justification de l'animation de ce qui est inanimé dans la *Natural History of Religion*, de Hume qui écrivait : « Il existe dans l'humanité une tendance universelle à concevoir tous les autres êtres comme semblables à l'homme et à attribuer aux objets toutes,. les qualités qui sont familières à l'homme et dont il est intimement conscient »[6].

L'animisme est un système intellectuel : il n'explique pas seulement tel ou tel phénomène particulier, mais permet de concevoir le monde comme un vaste ensemble, à partir d'un point donné. A en croire auteurs, l'humanité aurait, dans le cours des temps, connu successivement trois de ces systèmes intellectuels, trois grandes conceptions du monde : conception animiste (mythologique), conception religieuse et conception scientifique. De tous ces systèmes, l'animisme est peut-être le plus logique et le plus complet, celui qui explique l'essence du monde, sans rien laisser dans l'ombre. Or, cette première conception du monde par l'humanité est une théorie psychologique. Ce serait dépasser notre but que de montrer ce qui de cette, théorie subsiste encore dans la vie de nos jours, soit sous la forme dégradée de la superstition, soit en tant que fond vivant de notre langage, de nos croyances et de notre philosophie.

C'est en pensant à cette succession des trois conceptions du monde qu'on dit que l'animisme lui-même, sans être encore une religion, implique déjà les conditions préalables de toutes les religions qui surgiront ultérieurement. Il est également évident que le mythe repose sur des éléments animistes ; mais les détails des rapports existant entre le mythe et l'animisme n'ont pas encore été élucidés dans leurs points essentiels.

1. La nécessité où l'on se trouve de condenser les matériaux fait qu'on est également obligé de renoncer à donner une bibliographie plus ou moins détaillée. Aussi me bornerai-je à rappeler les ouvrages connus de Herbert Spencer, J.-G. Frazer, A. Lang, B. B. Tylor, W. Wundt, auxquels j'ai emprunté tous les renseignements sur l'animisme Pt la magie. La personnalité da l'auteur s'affirme dans le choix des matériaux et dans les opinions qu'ils lui suggèrent.
2. E. B. Tylor, Primitive *Culture, vol. I*, p. 425. 2e édition, 1903. W. Wundt, *Mythus und Religion, vol, II*, p. 113, 1906.
3. Wundt, l. c., chap. IV, *Die Seelenvorstellungen.*
4. Voir sur ce sujet, outre les travaux de Wundt et de H. Spencer, les substantiels articles de *l'Encyclopedia Britannica, 1911*, (« Animism », « Mythology », etc.).
5. L. c., p. 154.
6. Chez Tylor, *Primitive Culture, 1, p. 477.*

ANIMISME, MAGIE ET TOUT-PUISSANCE DES IDÉES - II

Notre travail psychanalytique commencera ailleurs. Disons, en attendant, qu'il serait erroné de croire que les hommes aient été poussés à la création de leurs premiers systèmes cosmiques par la seule curiosité spéculative, par la seule soif de savoir. Le besoin pratique de soumettre le monde a dû jouer un rôle dans ces efforts. Aussi ne sommes-nous pas étonnés d'apprendre que le système animiste a un corollaire, et notamment un système d'indications relatives à la manière dont on doit se comporter pour dominer les hommes, les animaux et les choses ou, plutôt, les esprits des hommes, des animaux et des choses. Ce système d'indications, ces règles de conduite, connues sous le nom de « sorcellerie et magie », sont considérés par S. Reinach [1] comme la stratégie de l'animisme ; je préfère, avec Hubert et Mauss, les comparer à la technique [2].

Peut-on établir une distinction de principe entre la sorcellerie et la magie? Oui, si l'on fait un peu arbitrairement abstraction des hésitations du langage courant. La sorcellerie apparaît alors essentiellement comme l'art d'influencer les esprits, en les traitant comme on traite les hommes dans des conditions identiques, c'est-à-dire en les apaisant, en se les conciliant, en se les rendant favorables, en les intimidant, en les dépouillant de leur puissance, en les soumettant à sa volonté, et tout cela par le recours aux moyens dont on a éprouvé l'efficacité par rapport aux hommes vivants. Mais la magie est quelque chose de différent : elle fait, au fond, abstraction des esprits et se sert, non de la méthode psychologique banale, mais de procédés particuliers. Il est facile de se rendre compte que la magie constitue la partie la plus primitive et la plus importante de la technique animiste, car parmi les moyens dont on se sert pour influer sur les esprits, figurent également des procédés magiques [3], et la magie trouve encore son application dans les cas où semble-t-il, la spiritualisation de la nature n'a pas été accomplie.

La magie doit servir aux fins les plus variées : soumettre les phénomènes de la nature à la volonté de l'homme, protéger l'individu contre les ennemis et les dangers et lui donner le pouvoir de nuire à ses ennemis. Mais le principe sur lequel repose l'action magique ou, plutôt, le principe de la magie est telle. ment évident qu'il a dû être reconnu par tous les auteurs. On peut l'exprimer d'une façon claire et concise, en se servant de la formule de E. B. Tylor (mais en faisant abstraction du jugement de valeur que cette formule implique) : « mistaking an ideal connexion for a real one (« prendre par erreur un rapport idéal pour un rapport réel »). Nous allons mettre ce caractère en évidence sur deux groupes d'actions magiques.

Un des procédés magiques dont on se sert le plus communément pour nuire à un ennemi consiste à fabriquer son effigie, avec des matériaux, quelconques. On peut encore « décréter » que tel ou tel autre objet représentera son image. Tout ce qu'on inflige à cette effigie frappe également le modèle haï ; il suffit de léser une partie quelconque de celle-là, pour que la partie correspondante du corps de celui-ci devienne malade. Au lieu d'employer cette technique magique pour la satisfaction de l'hostilité privée, on peut la mettre au service de la piété, pour protéger les dieux contre les méchants démons. Je cite d'après Frazer [4] :

« Chaque nuit, lorsque le dieu du soleil Ra (dans l'Égypte ancienne) regagnait son séjour dans le brûlant Occident, il avait à soutenir une lutte acharnée contre une armée de démons qui l'assaillaient sous la conduite d'Apepi, son mortel ennemi. Il luttait contre eux toute la nuit, et souvent les puissances des ténèbres étaient assez fortes pour lancer, même pendant le jour, des nuages sombrer, qui obscurcissaient le ciel bleu, rendaient Ra impuissant à émettre sa lumière. Afin d'assister le dieu, la cérémonie suivante était accomplie tous les jours dans son temple de Thèbes : on fabriquait avec de la cire une image de son ennemi Apepi, auquel on donnait la forme d'un horrible crocodile ou d'un serpent aux anneaux innombrables, et on écrivait dessus à l'encre le nom du démon. Placée dans une gaine de papyrus sur laquelle on traçait la même inscription, cette figure était entourée de cheveux noire ; puis le prêtre crachait dessus, la tailladait avec un couteau de silex et la jetait par terre. Il mettait ensuite sur elle son pied gauche, et on terminait la cérémonie en brûlant la figure sur un feu alimenté par des plantes. Apepi détruit, tous les démons de sa suite devaient subir le même sort. Ce service divin, qui devait être accompagné de certains discours, avait lieu non seulement le matin, l'après-midi et le soir, mais pouvait être répété à n'importe quel moment de la journée, lorsque la tempête faisait rage ou qu'il pleuvait à torrents ou que des nuages noirs obscurcissaient le ciel. Les méchants ennemis subissaient les effets du châtiment infligé à leurs images, comme si ce châtiment leur avait été applique directement ; ils fuyaient, et le dieu du soleil triomphait de nouveau. » [5].

Innombrables sont les actions magiques fondées sur les mêmes principes et motivées par les mêmes représentations. J'en citerai deux qui ont toujours joué un rôle important chez les peuples primitifs et se sont encore conservées en partie dans le mythe et le culte de peuples plus avancés : il s'agit des pratiques magiques destinées à provoquer la pluie et une bonne récolte. On provoque la pluie par des moyens magiques, en l'imitant et en reproduisant artificiellement les nuages et l'orage. On dirait que les gens « jouent à la pluie ». Les Aïnos japonais, par exemple, provoquent la pluie de la manière suivante : les uns font tomber de l'eau à travers un grand tamis, tandis que d'autres promènent à travers le village, comme si c'était un bateau, un récipient muni d'une voile et d'un aviron. Quant à la fertilité du sol, on l'assurait par la voie magique, en lui offrant le spectacle de rapports sexuels humains. C'est ainsi, pour ne citer qu'un exemple entre mille, que dans certaines régions de l'île de Java, lorsqu'approche le moment de la floraison du riz, paysans et paysannes se rendent la nuit sur les champs pour stimuler par leur exemple la fécondité du sol et s'assurer une bonne récolte [6]. Au contraire, les rapports sexuels incestueux étaient bannis et redoutés, à cause de leur influence néfaste sur la fertilité du sol et sur l'abondance de la récolte [7].

On peut encore ranger dans ce même groupe certaines prescriptions négatives, qui sont des mesures de précaution magiques. Lorsqu'une partie des habitants d'un, village Dayak se rend à la chasse au sanglier, ceux qui restent ne doivent toucher de leurs mains ni à l'huile ni à l'eau ; l'inobservance de cette précaution aurait pour effet de ramollir les doigts des chasseurs qui laisseraient ainsi échapper facilement leur proie [8]. Ou encore, lorsqu'un chasseur Gilyak suit dans la forêt la piste d'un gibier, il est interdit à ses enfants, restés à la maison, de tracer des dessins sur du bois ou sur le sable ; autrement, les sentiers de la forêt se trouveraient, embrouillés, comme le sont les lignes du dessin, et le chasseur ne retrouverait plus le chemin du retour [9].

Si, dans ce dernier exemple, comme dans beaucoup d'autres cas d'action magique, l'éloignement ne joue, aucun rôle, c'est-à-dire si l'action télépathique est considérée comme un phénomène naturel, nous ne sommes pas embarrassés non plus de comprendre les raisons de cette particularité de l'action magique.

Nous voyons en effet sans difficulté ce qui assure l'efficacité de l'action dans tous ces exemples. C'est la similitude entre l'action accomplie et le phénomène, dont la production est désirée. Aussi Frazer appelle-t-il cette variété de magie *imitative ou homéopatique*. Si je veux qu'il pleuve, je n'ai qu'à faire quelque chose qui ressemble à la pluie ou qui la rappelle. A une phase de civilisation plus avancée, on remplacera cette procédure magique par des processions autour d'un temple et par des prières adressées aux saints qui y séjournent. En dernier lieu, on renoncera également à cette technique religieuse, pour rechercher par quelles actions sur l'atmosphère elle-même il est possible de provoquer la pluie.

Dans un autre groupe d'actions magiques, le principe de la similitude est remplacé par un autre que les exemples suivants feront facilement comprendre.

Pour nuire à un ennemi, on peut encore se servir d'un autre procédé qui consiste à se procurer des rognures de ses cheveux, de ses ongles, ou même une partie de ses vêtements et à se livrer sur ces objets à des actes d'hostilité. C'est comme si l'on avait sous la main la personne elle-même qui éprouve tous les effets du mal qu'on inflige aux objets lui appartenant. C'est le nom qui, d'après les primitifs, constitue la partie essentielle d'une personne ; lorsqu'on sait le nom d'une personne ou d'un esprit, on a par là-même acquis un certain pouvoir sur le porteur de ce nom. D'où toutes les singulières précautions et restrictions qu'on doit observer dans l'usage des noms et dont nous avons énuméré quelques-unes dans le chapitre sur le tabou. La similitude est remplacée dans ces exemples par la *substitution de la partie ou tout*.

La motivation sublimée du cannibalisme, des primitifs peut-être déduite de la même façon. En absorbant par l'ingestion des parties du corps d'une personne, on s'approprie également les facultés dont cette personne était douée. C'est pourquoi le régime alimentaire est soumis dans certaines circonstances particulières, à différentes précautions et restrictions. Une femme enceinte s'abstiendra de manger de la chair de certains animaux dont les caractères indésirables, la lâcheté, par exemple, pourraient se transmettre ainsi à l'enfant qu'elle nourrira. L'efficacité de l'action magique ne se trouve nullement diminuée du fait de la séparation survenue entre le tout et la partie, ou même du fait que le contact entre la personne et tel objet n'a été qu'instantané. C'est ainsi que la croyance au rapport magique entre une blessure et l'arme qui l'a produite se maintient invariable pendant des millénaires. Lorsqu'un Mélanésien a réussi à s'emparer de l'arc par lequel il avait été blessé, il le dépose soigneusement dans un endroit frais, croyant par là diminuer l'inflammation de la plaie. Mais si l'arc est resté entre les mains des ennemis, ceux-ci le déposeront sûrement dans le voisinage immédiat d'un feu, afin d'aggraver l'inflammation de la plaie.

Lorsque, conseille Pline (*Histor. Nat.* XXVIII), on se repent d'avoir fait du mal à quelqu'un, on doit cracher dans la main qui a causé le mal ; la douleur de la victime se trouvera aussitôt calmée. Francis Bacon, dans sa *Natural History*, mentionne la croyance, très répandue, d'après laquelle il suffirait, pour guérir une plaie, d'enduire de graisse l'arme qui l'a produite. Certains paysans anglais se conforment aujourd'hui encore à cette prescription, et lorsqu'ils se sont blessés avec une faux, ils conservent l'instrument dans le plus grand état de propreté, afin d'éviter la suppuration de la plaie. En juin 1912, racontait un journal local anglais, une femme nommée Mathilde Henry, de Norwich, s'était introduit dans un talon un clou de fer. Sans laisser examiner la plaie, sans même ôter son bas, elle ordonna à sa fille de bien huiler le clou, afin de prévenir des complications fâcheuses. Elle mourut quelques jours après du tétanos, faute d'avoir fait antiseptiser la plaie.

Les exemples de ce dernier groupe sont des exemples de magie *contagieuse* que Frazer distingue de la magie *imitative*. Ce qui confère une efficacité à la magie contagieuse, ce n'est plus la similitude, mais a *contiguïté* dans le temps, tout au moins la contiguïté telle qu'on se la représente, le souvenir de son existence. Et comme la similitude et la contiguïté sont les deux principes essentiels des processus d'association, toute l'absurdité des prescriptions magiques est dominée, pour ainsi dire, par l'association des idées. Nous voyons donc combien est vraie la définition que Tylor a donnée de la magie et que nous avons citée plus haut : *mistaking an ideal connexion for a real one*. Frazer la définit d'ailleurs à peu près dans les mêmes termes : « Les hommes ont pris par erreur l'ordre de leurs idées pour l'ordre de la nature et se sont imagines que puisqu'ils sont capables d'exercer un contrôle sur leurs idées, ils doivent également. être en mesure de contrôler les choses » [10].

Aussi est-on étonné tout d'abord de voir certains auteurs rejeter comme non satisfaisante cette lumineuse explication de la magie [11]. Mais en réfléchissant un peu, on trouve justifiée l'objection d'après laquelle la théorie qui met l'association à la base de la magie explique seulement les voies suivies par celle-ci, sans nous renseigner sur ce qui constitue son essence même, sur les raisons qui poussent l'homme primitif à remplacer les lois naturelles par les lois psychologiques. Il est évident qu'il est nécessaire de faire intervenir ici un facteur dynamique, mais alors que la recherche de ce facteur fait commettre des erreurs aux critiques de la théorie de Frazer, il est facile de donner une explication satisfaisante de la magie, rien qu'en poursuivant et en approfondissant la théorie de l'association.

Considérons d'abord le cas, plus simple et plus important, de la magie imitative. D'après Frazer, celle ci peut être pratiquée seule, alors que la magie contagieuse a toujours besoin de la, magie imitative [12]. Les motifs qui poussent à l'exercice de la magie sont faciles à reconnaître : ce sont les désirs humains. Nous devons seulement admettre que l'homme primitif a une confiance démesurée dans la puissance de ses désirs. Au fond, tout ce qu'il cherche à obtenir par des moyens magiques ne doit arriver que parce qu'il le veut. C'est ainsi qu'au début nous n'avons à faire qu'au désir.

En ce qui concerne l'enfant, qui se trouve dans des conditions psychiques analogues, mais ne possède pas encore les mêmes aptitudes motrices, nous avons admis ailleurs qu'il commence par procurer à ses désirs une satisfaction vraiment hallucinatoire, en faisant naître la situation favorable, grâce à des excitations centrifuges de ses organes sensoriels [13]. Au primitif adulte s'offre une autre voie. A son désir se rattache une impulsion motrice, la volonté, et cette volonté, qui sera un jour assez forte pour changer la face de la terre, est utilisée par le primitif pour se procurer une satisfaction par une sorte d'hallucination motrice. Cette *représentation* du désir satisfait peut être Comparée au *jeu* des enfants, à la seule différence près que la technique purement sensorielle manque à ce jeu. Si le jeu et la représentation imitative suffisent à l'enfant et au primitif, ce n'est ni à cause de leur sobriété et modestie (au sens moderne de ces mots), ni à cause de la résignation que leur inspire la conscience de leur réelle impuissance : il s'agit d'une conséquence très naturelle de la valeur exagérée qu'ils attachent à leur désir, à la volonté qui en dépend et aux voies dans lesquelles ils sont engagés. Avec le temps, l'accent psychique se déplace des motifs de l'action psychique pour s'attacher à ses moyens., voire à l'action elle-même. Il serait peut-être plus exact de dire que ce sont les moyens dont il se sert qui donnent au sauvage une idée de la grande valeur qu'il attache à ses actes psychiques. S'en tenant aux apparences, il est persuadé que c'est l'action magique qui, grâce à sa ressemblance avec ce qu'il désire, amène la réalisation de l'événement désiré. Dans la phase animiste de la pensée il n'existe pas encore d'occasion de se rendre compte que la situation Melle n'est pas du tout telle qu'on se l'imagine. Ceci devient possible à des phases ultérieures, alors qu'on continue d'avoir recours aux mêmes procédés, mais à un moment où le phénomène psychique du doute commence déjà à intervenir, à titre d'expression d'une tendance au refoulement. Alors les hommes commencent à admettre qu'il ne sert de rien d'invoquer les esprits, si l'on n'a pas la foi, et que la force magique de la prière reste inefficace, si elle n'est pas, dictée par une piété véritable [14].

La possibilité d'une magie contagieuse reposant sur l'association par contiguïté nous montre que la valorisation psychique du désir et de la volonté s'est étendue à tous les actes psychiques subordonnés à la volonté. Il en résulte une surestimation générale de tous les processus psychiques, c'est-à-dire une attitude à l'égard du monde qui, d'après ce que nous savons concernant les rapports entre la réalité et la pensée, doit nous apparaître comme une surestimation de cette dernière. Les choses s'effacent devant leurs représentations ; tous les changements imprimés à celles-ci doivent aussi atteindre celles-là. On suppose que les relations existant entre les représentations doivent également exister entre les choses. Comme la pensée, qui ne connaît pas les distances, réunit facilement dans le même acte de conscience les choses les plus éloignées dans l'espace et dans le temps, le monde magique franchira télépathiquement les distances spatiales et traitera les rapports passés comme s'ils étaient actuels. A l'époque animiste, l'image du monde reflétée par le monde intérieur doit rendre visible cette autre image du monde que nous croyons reconnaître.

Relevons toutefois le fait que les deux principes de l'association, la similitude et la contiguïté, trouvent leur synthèse dans une unité supérieure : le contact. L'association par contiguïté équivaut à un contact direct, l'association par similitude est un contact au sens figuré du mot. La possibilité de désigner par le même mot les deux variétés d'association prouve déjà que le même processus psychique préside à l'une et à l'autre. Nous retrouvons la même étendue de la notion contact que celle que nous a révélée précédemment l'analyse du tabou [15].

En nous résumant, nous pouvons dire : le principe qui régit la magie, la technique du mode de pensée animiste, est celui de la « toute-puissance des idées ».

---

1. *Cultes, Mythes et Religions*, t. II, Introduction, p. XV, 1919.
2. *Année Sociologique*. t. VII, 1904.
3. Effrayer un esprit par le bruit et par des cris est un procédé de sorcellerie pure ; mais c'est employer à son égard un procédé magique que d'exercer sur lui une pression, en s'emparant de son nom.
4. The magic art, II, p. 61.
5. L'interdiction biblique d'exécuter une image d'un être vivant quelconque n'a pas été dictée par un parti-pris de principe contre les arts plastiques : elle avait uniquement pour but de détourner les hommes de la magie que la religion hébraïque abhorrait. Frazer, l. c., p. 87, note.
6. The magie art, II, p. 98.
7. Nous trouvons un écho de cette croyance dans *Oedipe-Roi, de* Sophocle.
8. The magic art, I, p. 120.
9. L. c., p. 122.
10. The magic art, I, p. 420 et suivantes.
11. Voir article *Magic* (N. d. T.) dans la 11e édition de « Encyclopedia. Britannica ».
12. L. c., 51.

13. *Formutierungen über die zwei Prinzipien des psychischen Gescitehens* («Jahrb. f. psychoanal. Forsch., III, Yd. 1912, p. 2).
14. Le roi dit dans *Hamlet* (III, 4) : « My words fly up, my thoughts *remain* below ; words without thoughts *never* to heaven go ». (Mes *paroles* s'envolent là-haut, *mais* mes *pensées* restent ici-bas. Les *paroles que* n'animent pas les pensées n'atteignent jamais le ciel).
15. Voir le chapitre précédent.

ANIMISME, MAGIE ET TOUTE-PUISSANCE DES IDÉES - III

Je dois cette expression « toute-puissance des idées » à un malade très intelligent qui souffrait de représentations obsessionnelles et qui, une fois guéri grâce à la psychanalyse, s'est trouvé en mesure de donner des preuves de ses aptitudes et de son bon sens [1]. Il a forgé cette expression pour expliquer tous ces phénomènes singuliers et inquiétants qui semblaient le poursuivre, lui et tous ceux qui souffraient da même mal. Il lui suffisait de penser à une personne pour la rencontrer aussitôt, comme s'il l'avait invoquée. Demandait-il un Jour des nouvelles d'une personne qu'il avait perdue de vue depuis quelque temps? C'était pour apprendre qu'elle était morte, de sorte qu'il pouvait croire que cette personne s'était rappelée télépathiquement à son attention. Lorsqu'il lui arrivait, sans qu'il prit la chose au sérieux, de formuler une malédiction à l'adresse d'une personne, il vivait, à partir de ce moment, dans la crainte perpétuelle d'apprendre la mort de cette personne et de succomber sous le poids de la responsabilité qu'il avait encourue. Dans beaucoup de cas, il a pu me dire lui-même, au cours des séances de traitement, comment s'était produite la trompeuse apparence et ce qu'il y avait ajouté de sa part, pour donner plus de force à ses attentes superstitieuses [2]. Tous les malades obsédés sont ainsi superstitieux, le plus souvent à l'encontre de leurs propres convictions.

La persistance de la toute-puissance des idées nous apparaît avec le plus de netteté dans la névrose obsessionnelle, les conséquences de cette manière de penser primitive étant ici les plus proches de la conscience. Nous devons cependant nous garder de voir dans la toute-puissance des idées le caractère distinctif de cette névrose, car l'examen analytique découvre le même caractère dans toutes les autres névroses. Quelle que soit la névrose à laquelle on ait à faire, elle est déterminée dans ses symptômes, non par la réalité des faits vécus, mais par celle du monde de la pensée. Les névrosés vivent dans un monde spécial où seules ont cours (pour employer une expression dont je me suis déjà servi ailleurs) les « valeurs névrosiques » ; c'est-à-dire que les névrosés n'attribuent de l'efficacité qu'à ce qui est intensément pensé, affectivement représenté, sans se préoccuper de savoir si ce qui est ainsi pensé et représenté s'accorde ou non avec la réalité extérieure. L'hystérique reproduit dans ses accès et fixe par ses symptômes des événements qui ne se sont déroulée comme tels que dans son imagination et ne se ramènent qu'en dernière analyse à des événements réels, soit à leur source, soit à des matériaux ayant servi à leur construction. On comprendrait mal le sentiment de culpabilité qui accable le névrosé, si l'on voulait l'expliquer par des fautes réelles. Un névrosé obsédé peut être accablé par un sentiment de culpabilité qui serait justifié chez un criminel ayant commis plusieurs assassinats, alors que lui-même se comporte et s'est toujours comporté à l'égard de ses prochains de la manière la plus respectueuse et la plus scrupuleuse. Et, pourtant, son sentiment est fondé ; il tire ses motifs des souhaits de mort intenses et fréquents qui, dans son inconscient, se dressent contre ses semblables. Il est fondé, pour autant qu'il s'agit, non de faits réels, mais d'intentions inconscientes. C'est ainsi que la toute-puissance des idées, la prédominance accordée aux processus psychiques sur les faits de la vie réelle manifestent une efficacité illimitée dans]a vie affective des névrosé% et dans toutes les conséquences qui en découlent. Mais si l'on soumet le névrosé au traitement psychanalytique qui lui rend conscient son inconscient, il ne pourra pas croire que les idées soient libres et il craindra toujours d'exprimer de mauvais souhaits, comme s'il suffisait de les exprimer pour qu'ils se réalisent. Par cette attitude et par les superstitions qui dominent *dans sa vie,* il montre combien il est proche du sauvage qui s'imagine pouvoir transformer le monde extérieur uniquement par ses idées.

Les actes obsessionnels primaires de ces névrosés sont, à proprement parler, de nature purement magique. Si ce ne sont pas des actes de sorcellerie, ce sont toujours des actes de contre-sorcellerie, destinés à détourner les menaces de malheur dans l'attente desquelles le névrosé vit au début de sa maladie. Toutes les fois qu'il m'a été possible de pénétrer le mystère, j'ai constaté que le malheur auquel le malade s'attendait n'était autre que la mort. D'après Schopenhauer, le problème de, la mort se dresse au seuil de toute philosophie. Nous savons déjà que la croyance à l'âme et aux démons, qui caractérise l'animisme, s'est formée sous l'influence des impressions que la mort produit sur l'homme. Il est difficile de savoir si ces premiers actes obsessionnels ou de défense sont soumis au principe de la ressemblance et du contraste, car, étant donné les conditions de la névrose, les actes se trouvent le plus souvent déformés par suite de leur dissimulation derrière des actions tout à fait insignifiantes [3]. Même les formules de défense de la névrose obsessionnelle trouvent leur pendant dans les formules de sorcellerie et de magie. Mais pour décrire exactement l'histoire du développement des actes obsessionnels, il faut relever la fait que, très éloignés de la sphère sexuelle, ils ne sont au début qu'une sorte de sorcellerie destinée à détourner les mauvais désirs, mais qu'ils finissent par n'être plus qu'une très fidèle imitation des actes sexuels, une manifestation pour ainsi dire déguisée, substitutive de ces actes.

Si nous acceptons le mode d'évolution des conceptions humaines du inonde, tel qu'il a été décrit plus haut, à savoir que la phase *animiste* a précédé la phase *religieuse* qui, à son tour, a précédé la phase *scientifique, il* nous sera facile de suivre aussi l'évolution de la « toute-puissance des idées » à travers ces phases. Dans la phase animiste, c'est à lui-même que l'homme attribue la toute-puissance ; dans la phase religieuse, il l'a cédée aux dieux, sans toutefois y renoncer sérieusement, car il s'est réservé le pouvoir d'influencer les dieux de façon à les faire agir conformément à ses désirs. Dans la conception scientifique du monde, il n'y a plus place pour la toute-puissance de l'homme, qui a reconnu sa petitesse et s'est résigné à la mort, comme il s'est soumis à toutes les autres nécessités naturelles. Mais dans la confiance en la puissance de l'esprit humain qui compte avec les lois de la réalité, on retrouve encore les traces de l'ancienne croyance à la toute-puissance.

En remontant l'histoire du développement des tendances libidineuses, depuis la forme qu'elles affectent à l'âge mûr, jusqu'à leurs premiers débuts chez l'enfant, nous avons établi tout d'abord une distinction importante que nous avons exposée dans *Drei Abhandlungen zur Sexualtheorie (1905)*. Les manifestations des tendances sexuelles peuvent être reconnues dès le début, mais dans leurs tout premiers commencements elles ne sont encore dirigées sur aucun objet extérieur. Chacune des tendances dont se compose la sexualité travaille pour son compte, recherche le plaisir sans se préoccuper des autres et trouve sa satisfaction sur le propre corps de l'individu. C'est la phase de *l'autoérotisme,* à laquelle succède celle du choix *de l'objet*.

Une étude plus approfondie a fait ressortir l'utilité, voire la nécessité, d'intercaler entre ces deux phases une troisième ou, si l'on préfère, de décomposer en deux la première phase, celle de l'auto-érotisme. Dans cette phase intermédiaire, dont l'importance s'impose de plus en plus, les tendances sexuelles, qui étaient indépendantes les unes des autres, se réunissent en une seule et sont dirigées vers un objet, lequel, d'ailleurs, n'est pas encore un objet extérieur, étranger à l'individu, mais le propre moi de celui-ci qui, -à cette époque, se trouve déjà constitué. Tenant compte des fixations pathologiques de cet état, qu'on observe ultérieurement, nous avons donné à cette nouvelle phase le nom de *narcissisme.* La personne se comporte comme si elle était amoureuse d'elle-même ; les tendances égotistes et les désirs libidineux ne se révèlent pas encore à notre analyse avec une distinction suffisante.

Bien que nous ne soyons pas encore en état de donner une caractéristique suffisamment précise de cette phase narcissique, dans laquelle les tendances sexuelles, jusqu'alors séparées, se trouvent fondues en une seule, nous n'en pressentons pas moins que cette organisation narcissique ne disparaîtra plus jamais complètement. L'homme reste, dans une certaine mesure, narcissique, après même qu'il a trouvé pour sa libido des objets extérieurs ; mais les forces (lui l'attirent vers ces objets sont comme des émanations de la libido qui lui est inhérente et peuvent à tout instant y rentrer. Les états si intéressants au point de vue psychologique, qui sont connus sous le nom d'états amoureux et qui sont comme les prototypes normaux des psychoses, correspondent au degré le plus élevé de ces émanations, par rapport au niveau de l'amour de soi-même.

Rien ne paraît donc plus naturel que de rattacher au narcissisme, comme étant sa caractéristique essentielle, le fait que nous avons découvert concernant la grande valeur (la valeur exagérée, à notre point de vue) que le primitif et le névrosé attribuent aux actions psychiques

Nous dirons que chez le primitif la pensée est encore très fortement sexualisée, d'où la croyance à la toute-puissance des idées, d'où aussi la conviction de la possibilité de dominer le monde, conviction qui ne se laisse, pas ébranler par les expériences, faciles à faire, susceptibles de renseigner l'homme sur la place exacte qu'il occupe dans le monde. Nous retrouvons, d'une part, dans la nature même du névrosé une bonne partie de cette attitude primitive ; et, d'autre part, nous constatons que la répression sexuelle, qui s'est produite chez lui, a déterminé une nouvelle sexualisation de ses processus intellectuels. Les effets psychiques doivent être les mêmes dans les deux cas de transformation libidineuse de la pensée, c'est-à-dire aussi bien dans la transformation primitive que dans la transformation régressive ; et ces effets consistent dans le narcissisme intellectuel et dans la toute-puissance des idées [4].

S'il est vrai que la toute-puissance des idées chez les primitifs fournit un témoignage en faveur du narcissisme, nous pouvons essayer d'établir un parallèle entre le développement de la manière humaine de concevoir le monde et le développement de la libido individuelle. Nous trouvons alors qu'aussi bien dans le temps que par son contenu, la phase animiste correspond au narcissisme, la phase religieuse au stade d'objectivation, caractérisé par la fixation de la libido aux parents, tandis que la phase scientifique a son pendant dans cet état de maturité de l'individu qui, est caractérisé par la renonciation à la recherche du plaisir et par la subordination du choix de l'objet extérieur aux convenances et aux exigences de la réalité [5]. L'art est le seul domaine où la toute-puissance des idées se soit maintenue jusqu'à nos jours. Dans l'art seulement il arrive encore qu'un homme, tourmenté par des désirs, fasse quelque chose qui ressemble à une satisfaction ; et, grâce à l'illusion artistique, ce jeu produit les mêmes effets affectifs que s'il s'agissait de quelque chose de réel. C'est avec raison qu'on parle de la magie de l'art et qu'on compare l'artiste à un magicien. Mais cette comparaison est peut-être encore plus significative qu'elle le paraît. L'art, qui n'a certainement pas débuté en tant que « l'art pour l'art », se trouvait au début au service de tendances qui sont aujourd'hui éteintes pour la plupart. Il est permis de supposer que parmi ces tendances se trouvaient bon nombre d'intentions magiques [6].

1. *Bemerkungen über einen Fall von Zwangsneurose.* « Jahrbuch für psychoanalyt. und psychopath. Forschungen, I, Bd, 1909. (Sammlung Kleiner Schriften zur Neurosenlehre », 3. Folge, 1913).
2. Nous avons, semble-t-il, une tendance à qualifier « d'inquiétantes » et « sinistres » des impressions par lesquelles nous cherchons à confirmer la toute-puissance des idées et la manière de penser animiste, alors que dans nos jugements nous nous sommes déjà depuis longtemps détournés de l'une et de l'autre.
3. Nous aurons l'occasion de montrer plus loin l'existence d'un autre motif de cette dissimulation derrière une action insignifiante.
4. Presque tous les écrivains qui se sont occupés de cette question considèrent presque comme un axiome que c'est en vertu d'une sorte de solipsisme ou berkleianisme (pour nous servir du terme proposé par le professeur Sully en ce qui concerne l'enfant) que le sauvage se refuse à reconnaître la mort comme un fait. Marett, Pre-animistic religion, « Folklore » XI, 1900, p. 178.
5. A noter ici que le narcissisme primitif de l'enfant fournit un critère décisif pour la manière de concevoir le développement de son caractère et exclut l'hypothèse qui prétend que le sentiment primitif de l'enfant est le sentiment de son intériorité.
6. S. Reinach, L'art et la magie, dans le recueil : Cultes, *Mythes* et *Religion, 1, pp. 125-136. M.* Reinach pense que les peintres primitifs, qui ont laissé des images d'animaux gravées ou peintes sur les parois des cavernes de France, cherchaient non à, « procurer du plaisir » mais à « exorciser ». C'est pourquoi, dit-il, ces dessins se trouvent dans les parties les plus éloignées, les plus inaccessibles des cavernes et qu'on ne trouve pas a parmi ces dessins, d'images d'animaux de proie redoutés. » Les modernes parlent souvent, par hyperbole, de la magie du pinceau ou du ciseau d'un grand artiste et, en général, de la magie de l'art. Entendu ai! sens propre, qui est celui d'une contrainte mystique, exercée par l'homme sur d'autres volontés ou sur les choses, cette expression n'est plus admissible ; mais nous avons vu qu'elle était autrefois rigoureusement vraie, du moins dans l'opinion des artistes ». (p. 136).

ANIMISME, MAGIE ET TOUTE-PUISSANCE DES IDÉES - IV

La première conception du monde que l'humanité ait réussi à édifier, l'animisme, était donc une conception psychologique. Pour l'édifier, elle n'avait pas besoin de, science, car la science n'intervient que lorsqu'on s'est rendu compte qu'on ne connaît pas le monde et qu'il est nécessaire de chercher les moyens permettant d'arriver à sa connaissance. Pour l'homme primitif, l'animisme était une conception naturelle et qui portait en elle-même sa propre justification ; il savait que les choses dont se compose le monde se comportent exactement comme l'homme, d'après ce que lui apprend sa propre expérience. Nous ne devons donc pas être étonnés de voir l'homme primitif extérioriser sa propre organisation psychique [1] ; et il nous incombe à nous de replacer dans l'âme humaine ce que l'animisme nous enseigne concernant la nature des choses.

La technique de l'animisme, la magie, nous révèle de la façon la plus nette l'intention d'imposer aux objets de la réalité extérieure les lois de la vie psychique, à une époque où les esprits, loin de jouer un rôle quelconque, étaient eux-mêmes des objets de procédés magiques. Les principes sur lesquels repose la magie sont, en effet, plus primitifs et plus anciens que la théorie des esprits *qui* forme le noyau de l'animisme. Notre conception psychanalytique coïncide sur ce point avec une théorie de R. R. Marett qui admet une phase *pré-animiste* de l'animisme, phase qui ne saurait être mieux caractérisée que par la désignation *d'animatisme* (*sorte* d'hylozoïsme universel). Il n'y a pas grand chose à dire sur le pré-animisme, car on n'a pas encore trouvé de peuple auquel manque la croyance aux esprits [2].

Alors que la magie utilise encore la totalité de la toute-puissance des idées, l'animisme a cédé une partie de cette toute-puissance aux esprits, ouvrant ainsi la voie à la religion. Qu'est-ce qui a poussé le primitif à cette première renonciation? Ce n'est certainement pas la conviction de l'inexactitude de se principes, car il conserve et maintient la technique magique.

Les esprits et les démons ne sont, nous l'avons montré ailleurs, que les projections de ses tendances affectives [3] ; il personnifie ces tendances, peuple le monde avec les incarnations ainsi créées et retrouve en dehors de lui ses propres processus psychiques.

Nous n'allons pas entreprendre ici de résoudre le problème concernant les origines de la tendance à projeter à l'extérieur certains processus psychiques. Nous devons nous contenter d'admettre que cette tendance, se trouve accentuée, lorsque la projection implique l'avantage d'un soulagement psychique. Cet avantage est certain dans la cas où les tendances entrent en, conflit pour la conquête de la toute-puissance. Il est évident alors que toutes ne peuvent pas conquérir la toute. puissance. Dans la paranoïa, le processus morbide utilise réellement le mécanisme de la projection, pour résoudre ces conflits surgissant dans la vie psychique. Or le cas-type des conflits de ce genre est celui qui surgit entre les deux termes d'une opposition, c'est-à-dire le cas de l'attitude ambivalente que nous avons analysée en détail à propos de la situation d'une personne frappée de deuil par la mort d'un parent cher. Ce cas nous paraîtra particulièrement apte à justifier la création de formations projectives. Ici nous nous trouvons de nouveau d'accord avec l'opinion dès auteurs qui considèrent les esprits méchants comme les premiers-nés parmi les esprits et font remonter la croyance à l'âme aux impressions que la mort laisse aux survivants. Le seul point sur lequel nous nous séparons de ces auteurs consiste en ce qu'au lieu d'accorder la première place au problème intellectuel que la mort pose aux vivants, nous croyons que la force, qui pousse l'homme à réfléchir sur la mort a sa source dans le conflit affectif que cette situation crée chez les survivants.

La première création théorique des hommes, celle les esprits, proviendrait donc de la même source que les premières restrictions morales auxquelles ils se soumettent, c'est-à-dire les prescriptions tabou. Mais l'identité d'origine n'implique nullement la simultanéité d'apparition de l'une et des autres. S'il est vrai que la situation des survivants par rapport aux morts, a été la première cause qui poussa l'homme à réfléchir, à céder aux esprits une partie de sa toute-puissance et à sacrifier une partie de l'arbitraire auquel il se conformait dans ses actions, on peut dire que ces formations sociales représentent une première reconnaissance de l'[mot en grec dans le texte] d'une nécessité qui s'oppose au narcissisme humain. Le primitif s'inclinerait devant l'inéluctabilité de la mort avec le même geste avec lequel il semble la nier.

Si nous avions le courage de poursuivre l'analyse de nos principes, nous pourrions nous demander quels sont les éléments de notre propre structure psychologique qui se reflètent et se retrouvent dans les formations projectives des âmes et des esprits. C'est fait difficile à nier que la représentation primitive de l'âme, malgré la distance qui la sépare de la représentation ultérieure impliquant l'immatérialité de l'âme, ne s'en rapproche pas moins, dans ses traits essentiels, de cette dernière, en ce qu'elle conçoit une personne ou une chose comme composée de deux parties qui participent dans une mesure égale aux propriétés et modifications connues du tout. Cette dualité primitive, pour nous servir de l'expression de Herbert Spencer [4], est déjà identique au dualisme qui nous est familier, celui du corps et de l'âme, dualisme dont nous retrouvons les expressions verbales indestructibles, lorsque nous entendons dire d'un homme impuissant ou en proie à la colère il ne se possède pas, il est hors de lui. » [5]

Ce que nous projetons ainsi, tout comme le primitif, dans la réalité extérieure, ne peut guère être autre chose que la connaissance que nous avons qu'à côté d'un état dans lequel une chose est perçue par les sens et par la conscience, c'est-à-dire à côté d'un état où une chose donnée est *présente*, il existe un autre état dans lequel cette même chose n'est que *latente*, tout en pouvant redevenir présente. Autrement dit, nous projetons notre connaissance de la perception et .du souvenir ou, pour nous exprimer d'une manière plus générale, notre connaissance de l'existence de processus psychiques *inconscients* à côté de processus *conscients* [6]. On pourrait dire que l' « esprit » d'une personne ou d'une chose se réduit en dernière analyse à la propriété que possède cette personne ou cette chose d'être l'objet d'un souvenir ou d'une représentation, lorsqu'elle échappe à la perception directe.

On ne s'attendra certainement pas à trouver dans la représentation primitive ou moderne de l' « âme » la séparation nette que notre science moderne établit entre les activités psychiques inconsciente et consciente. L'âme animiste réunit plutôt les propriétés du conscient et de l'inconscient. Sa fluidité et sa mobilité, le pouvoir qu'elle possède d'abandonner le corps et de prendre possession, d'une façon permanente ou passagère, d'un autre corps, sont autant de caractères qui rappellent ceux de la conscience. Mais la façon dont elle se tient dissimulée derrière les manifestations de la personnalité fait songer à l'inconscient ; aujourd'hui encore, nous attribuons l'immutabilité et l'indestructibilité non aux processus conscients, mais aux inconscients que nous considérons aussi comme les véritables porteurs de l'activité psychique.

Nous avons dit précédemment que l'animisme est un système intellectuel, la première théorie complète du monde ; nous voulons maintenant tirer quelques conséquences de la conception psychanalytique de ce système. Notre expérience de tous les jours est faite pour nous rappeler à chaque instant ses principales particularités. Nous rêvons pendant la nuit, et nous avons appris à interpréter nos rêves pendant le jour. Le rêve peut, sans renier en rien sa nature, apparaître confus et incohérent, mais il peut aussi imiter l'ordre des impressions de la vie réelle, en faisant découler un événement d'un autre, en établissant une corrélation entre différentes parties de son contenu. Il y réussit plus ou moins, mais presque jamais assez complètement, pour ne pas présenter çà et là une absurdité, une fissure. En soumettant un rêve à l'interprétation, nous apprenons que la disposition, inconstante et irrégulière de ses parties constitutives, ne présente aucune importance, n'oppose aucun obstacle à l'intelligence du rêve. L'essentiel dans le rêve, ce sont les idées dont il se compose, et non les faits, et ces idées ont toujours un sens, sont cohérentes et disposées selon un certain ordre. Mais leur ordre et leur disposition diffèrent totalement de ce que notre souvenir retrouve dans le contenu manifeste du rêve. Les rapports entre les idées du rêve peuvent être intervertis ou même complètement détruits, ou encore être remplacés par de nouveaux rapports entre les éléments du contenu du rêve. Il s'effectue presque toujours une condensation des éléments du rêve, une nouvelle disposition de ces éléments, plus ou moins indépendante de la précédente. Nous résumons cette situation, en disant que les matériaux fournis par les idées des rêves, après avoir té utilisés par le travail s'accomplissant au cours du rêve lui-même, subissent ce que nous avons appelé une « élaboration secondaire » visant manifestement à donner un « sens » à ce qui, à la suite du travail accompli pendant le rêve, apparaît comme incohérent et incompréhensible. Or ce « sens » nouveau, résultant de l'élaboration secondaire, n'est plus le vrai sens des idées du rêve.

L'élaboration secondaire du produit du travail accompli pendant le rêve nous fournit un exemple excellent de la manière dont se forme un système, avec sa nature et ses exigences. Une formation intellectuelle nous est inhérente, qui exige de tous les matériaux qui se présentent à notre perception et à notre pensée un minimum d'unité, de cohérence et d'intelligibilité ; et elle. ne craint, pas d'affirmer des rapports inexacts, lorsque, pour certaines raisons, elle est incapable de saisir les rapports corrects. Nous connaissons certains systèmes qui caractérisent non seulement le rêve, mais aussi les phobies, les idées obsédantes et certaines formes de la folie. Chez les paranoïaques, le système domine le tableau morbide, mais il ne doit pas être négligé non plus dans les autres formes de psycho-névrose. Dans tous ces cas, et il nous est facile de nous en rendre compte, s'est effectué un *regroupement* des matériaux psychiques, regroupement souvent violent, bien que compréhensible, si l'on se place au point de vue du système. Ce qui caractérise alors le mieux le système, c'est que chacun de ses éléments se laisse ramener au moins à d'eux motivations, dont l'une est fournie par les principes mêmes qui sont à la base du système (et qui peut, par conséquent, avoir dans certains cas, tous les caractère de la folie) tandis que l'autre, qui est dissimulée, doit être considérée comme la seule efficace et réelle.

Voici, à titre d'illustration, un exemple emprunté à la névrose : dans le chapitre sur le tabou [7], j'ai mentionné en passant une malade dont les interdictions obsessionnelles présentaient la ressemblance la plus frappante avec le tabou des Maori. La névrose de cette femme est dirigée contre son mari ; elle culmine dans la défense contre le désir inconscient de sa mort. Cependant, dans sa phobie manifeste, systématique, elle ne songe nullement à son mari qui se trouve éliminé de ses soucis et préoccupations conscients : tout ce qu'elle craint, c'est d'entendre parler de la mort en général. Un jour elle entend son mari charger quelqu'un de faire repasser ses rasoirs dans une certaine boutique. Poussée par une bizarre inquiétude, elle s'en va voir elle-même l'emplacement de cette boutique et, de retour de son voyage d'exploration, elle met son mari en demeure de se débarrasser une fois pour toutes de ces rasoirs, car elle a découvert qu'à côté de la boutique où ils devaient être repassés se trouvait un magasin de cercueils, articles de deuil, etc. C'est ainsi que son intention a créé un lien indissoluble entre les rasoirs et l'idée de la mort. Telle est la motivation systématique de l'interdiction. Nous pouvons être certain que même sans la découverte du macabre voisinage, la malade serait rentrée chez elle dans la même disposition d'esprit. Il lui aurait suffi pour cela de rencontrer sur son chemin un corbillard, une personne en deuil ou portant une couronne mortuaire. Le réseau des conditions était assez étendu, pour que la proie s'y trouvât prise à la moindre occasion ; il ne tenait qu'à elle de profiter des occasions qui pouvaient se présenter. Nous pouvons admettre sans risque de nous tromper que, dans d'autres cas, elle fermait les yeux sur ces occasions ; elle disait sans doute alors que « la journée avait été bonne ». Quant à la cause réelle de l'interdiction relative aux rasoirs, nous la devinons facilement : il s'agissait d'un mouvement de défense contre la plaisir qu'elle pouvait éprouver à la pensée qu'en se servant des rasoirs repassés son mari risquait facilement de se couper la gorge.

Nous pouvons exactement de la même manière reconstituer et détailler un trouble de la marche, une abasie ou une agoraphobie, dans les cas où l'un ou l'autre de ces symptômes a réussi à se substituer à un désir inconscient ou, à la défense contre ce désir. Tout ce que le malade possède encore en fait de fantaisies inconscientes ou de réminiscences efficaces utilise cette issue pour s'imposer à titre d'expressions symptomatiques et pour se ranger dans le cadre formé par le trouble de la marche, en affectant avec les autres éléments des rapports en apparence rationnels. Ce serait donc une entreprise vaine et même absurde que de vouloir déduire la structure symptomatique, et les détails d'une agoraphobie, par exemple, du principe fondamental de celle-ci. La cohérence et la rigueur des rapports ne sont qu'apparentes. Une observation plus clairvoyante est capable d'y découvrir, comme dans la formation de façade du rêve, les pires conséquences et le plus grand arbitraire. Les détails d'une pareille phobie systématique empruntent leur motivation réelle à des raisons cachées qui n'ont rien à voir avec le trouble de la marche, et c'est d'ailleurs pourquoi les manifestations de cette phobie diffèrent si profondément et si radicalement d'une personne à l'autre.

Pour en revenir au système qui nous intéresse ici plus particulièrement, à celui de l'animisme, nous pouvons conclure, d'après ce que nous savons concernant les autres systèmes psychologiques, que les coutumes ou les prohibitions des primitifs ne sont pas .motivées uniquement par la « superstition » ; qu'il n'est même pas nécessaire que celle-ci fournisse la motivation vraie, de sorte que rien ne nous dispense de chercher des motifs cachés. Sous le règne d'un système animiste, il est inévitable que chaque prescription et chaque activité reçoivent une justification systématique que nous appelons « superstitieuse ». « Superstition » est, comme « angoisse », « rêve », « démon », une de ces constructions provisoires qui s'écroulent devant la recherche psychanalytique. En regardant derrière ces constructions qui servent d'écran entre les faits et la connaissance, on constate que la vie psychique et la culture des sauvages sont encore loin d'avoir été jugées à leur valeur.

Si l'on fait de la répression de tendances le critère du niveau de culture atteint, ou est obligé de concevoir que, même sous le système animiste, il y a ou des progrès et des développements qu'on a traités avec un mépris injustifié, à cause de leur motivation soi-disant superstitieuse. Lorsque nous entendons raconter que les guerriers d'une tribu sauvage, avant de se mettre en campagne, s'imposent la plus rigoureuse chasteté et pureté [8], nous sommes aussitôt tentés de dire que s'ils se débarrassent de leurs impuretés, c'est pour se rendre moins vulnérables à l'influence magique de leurs ennemis et que leur abstinence n'est ainsi motivée que par des raisons superstitieuses. Mais le fait du refoulement de certaines tendances n'en subsiste pas moins, et nous comprendrions mieux le cas, en admettant que si le guerrier s'impose toutes ces restrictions, c'est pour une raison d'équilibre, car il sait qu'il sera bientôt à même de s'offrir la satisfaction la plus complète de ses tendances cruelles et hostiles dont il lui est interdit de rechercher les satisfactions en temps ordinaire. Il en est de même des nombreux cas de restriction sexuelle qu'on s'impose pendant qu'on est absorbé par des travaux comportant une certaine responsabilité [9]. On a beau donner de ces interdictions une explication tirée de rapports magiques ; leur raison fondamentale n'en saute pas moins aux yeux : il s'agit de réaliser une économie de forces par la renonciation à la satisfaction de certaines tendances, et si l'on veut à tout prix admettre la rationalisation magique de la prohibition, il ne faut pas négliger non plus sa racine hygiénique. Lorsque les hommes d'une tribu sauvage sont convoqués pour la chasse, la pêche, la guerre ou la cueillette de plantes précieuses, leurs femmes, qui restent à la maison, sont, pendant la durée de l'expédition, soumises à de nombreuses et graves restrictions auxquelles les sauvages eux-mêmes attribuent une action favorable, se manifestant à distance, sur le résultat de l'expédition. Mais il n'est pas besoin de beaucoup de clairvoyance pour s'apercevoir que cette action se manifestant à distance n'est autre que la pensée du retour, la nostalgie des absents et que derrière tous ces déguisements se dissimule une excellente idée psychologique, à savoir que les hommes ne travailleront de leur mieux que s'ils sont entièrement rassurés sur la conduite de leurs femmes restées à la maison sans surveillance. Parfois on entend exprimer directement, sans aucune motivation psychologique, l'idée que l'infidélité de la femme est capable de rendre vain le travail responsable de l'homme absent.

Les innombrables prescriptions tabou auxquelles les femmes des sauvages sont soumises pendant leur menstruation, sont motivées par la crainte superstitieuse du sang, et c'est là, il faut en convenir, une raison réelle. Mais il serait injuste. de ne pas tenir compte des intentions esthétiques et hygiéniques auxquelles sert cette crainte, intentions qui ont dû se dissimuler dans tous les cas sous des déguisements magiques.

Nous nous rendons parfaitement compte que par ces essais d'explication nous nous exposons au reproche d'attribuer au sauvage actuel une finesse psychique qui, dépasse les bornes de la vraisemblance. Je pense cependant que la psychologie des peuples restés à la phase de développement animiste pourrait nous réserver, si nous procédions autrement, les mêmes déceptions que celles que nous a procurées la vie psychique de l'enfant que nous autres adultes ne comprenons plus et dont la richesse et la finesse nous ont pour cette raison échappé.

Je vais mentionner encore un groupe de prescriptions tabou restées jusqu'à présent sans explication, et je le fais, parce que ces prescriptions apportent une confirmation éclatante à l'interprétation psychanalytique. Chez beaucoup de peuples sauvages, il est interdit, dans certaines circonstances, de conserver à la maison des armes tranchantes et des instruments aiguisés [10]. Frazer cite une superstition allemande, d'après laquelle on ne doit pas déposer ou tenir un couteau avec le tranchant de la lame dirigé vers le haut, car, Dieu et les anges pourraient se blesser. Comment ne pas voir dans ce tabou une allusion à certains « actes symptomatiques » qu'on pourrait être tenté de commettre à l'aide de l'arme tranchante et sous l'influence de mauvais penchants inconscients ?

---

1. En vertu de la perception dite endopsychique.
2. R. R. Marett, *Pre-animistic religion* « Folklore » XI, 2, London, 1900. Cfr. Wundt, *Mythus und Religion, II*, p. 171 et suivantes.
3. Nous admettons que dans cette phase narcissique primitive il n'existe pas encore de distinction entre les fixations libidineuses et celles provenant d'autres sources d'excitation.
4. Dans le vol. I. des *Principes de Sociologie*.
5. Herbert Spencer, L.c., p. 119.
6. Cfr. mon mémoire *A note on the Unconscious in Psychoanalysis*, («Proceedings of the Society for Psychical Research », Part XLVI, vol. XXVI, London, 1912).
7. p. 45.
8. *Frazer, Taboo und the perils of the soul, p. 158.*
9. *Frazer, l. c., p. 200.*
10. Frazer, l. c., p. 237.

LE RETOUR INFANTILE DU TOTÉMISME

La psychanalyse ayant découvert le déterminisme le plus éloigné et le plus profond des actes et formations psychiques, il n'y a pas à craindre qu'elle soit tentée de ramener à une seule source un phénomène aussi compliqué que la religion. Lorsque, par devoir ou par nécessité, elle est obligée de se montrer unilatérale et de ne faire ressortir qu'une seule source de ces institutions, elle ne prétend affirmer ni que cette source soit unique ni qu'elle occupe la première place parmi toutes les autres. Seule une synthèse des résultats fournis par différentes branches de recherches pourra montrer quelle importance relative il faut attribuer dans la genèse des religions au mécanisme que nous allons essayer de décrire; mais un travail pareil dépasse aussi bien les moyens dont dispose le psychanalyste que le but qu'il poursuit.

LE RETOUR INFANTILE DU TOTÉMISME - I

Dans le premier chapitre de cet ouvrage, nous avons dégagé la notion du totémisme. Nous avons appris que le totémisme était un système qui, chez certains peuples primitifs de l'Australie, de l'Amérique et de l'Afrique, remplace la religion et fournit les principes de l'organisation sociale. Nous savons que dès 1869 l'Écossais Mac Lennan avait attiré l'attention générale sur les phénomènes du totémisme qui étaient jusqu'alors considérés comme des curiosités, et qu'il le fit en exprimant l'opinion que beaucoup de coutumes et usages existant dans différentes sociétés anciennes et modernes devaient être considérés comme des survivances de l'époque totémique. Depuis cette époque, la science a reconnu l'importance du totémisme dans toute son ampleur. Je citerai, comme une des dernières opinions formulées sur cette question, celle que Wundt exprime dans un passage de ses *Éléments de la psychologie des peuples* (1912) [1] : « En tenant compte de tous ces faits, nous pouvons admettre, sans risquer de trop nous écarter de la vérité, que la culture totémique a constitué partout une phase préparatoire du développement ultérieur et une phase de transition entre l'humanité primitive et l'époque des héros et des dieux ».

Le point de vue auquel nous nous plaçons nous oblige à étudier de plus près les caractères du totémisme. Pour des raisons qu'on comprendra plus tard, je préfère suivre ici un exposé donné par S. Renach qui, en 1900, a formulé le code suivant du totémisme, en douze articles, sorte de catéchisme de la religion totémiste [2] :

Certains animaux ne doivent être ni mangés ni tués; les hommes élèvent des individus de ces espèces animales et les entourent de soins.

2. Un animal mort accidentellement est un objet de deuil et est enterré avec les mêmes honneurs qu'un membre de la tribu.

3. La prohibition alimentaire ne porte quelquefois que sur une certaine partie du corps de l'animal.

4. Lorsqu'on se trouve dans la nécessité de tuer un animal habituellement épargné, on s'excuse auprès de lui et on cherche à atténuer par toutes sortes d'artifices et d'expédients la violation du tabou, c'est-à-dire le meurtre.

5. Lorsque l'animal est sacrifié rituellement, il est solennellement pleuré.

6. Dans certaines occasions solennelles, dans des cérémonies religieuses, on revêt la peau de certains animaux. Chez les peuples vivant encore sous le régime du totémisme, on se sert à cet effet de la peau du totem.

7. Des tribus et des individus se donnent des noms d'animaux totem.

8. Beaucoup de tribus se servent d'images d'animaux en guise d'armoiries dont elles ornent leurs

armes; des hommes dessinent sur leurs corps des images d'animaux et les fixent par le tatouage.

9. Lorsque le totem est un animal dangereux et redouté, il est admis qu'il épargne les membres du clan portant son nom.

10. L'animal totem défend et protège les membres du clan.

11. L'animal totem annonce l'avenir à ses fidèles et leur sert de guide.

12. Les membres d'une tribu totémiste croient souvent qu'ils sont rattachés à l'animal totem par les liens d'une origine commune.

Pour apprécier à sa valeur ce catéchisme de la religion totémique, il faut savoir que Reinach y a introduit tous les signes et tous les phénomènes de survivance sur lesquels on se base pour affirmer l'existence, à un moment donné, du système totémique. L'attitude particulière de l'auteur à l'égard du problème se manifeste en ce qu'il néglige dans une certaine mesure. les traits essentiels du totémisme. Nous verrons plus loin que des deux propositions fondamentales du catéchisme totémique, l'une se trouve refoulée à l'arrière-plan et l'autre est complètement omise.

Pour nous l'aire une idée exacte des caractères du totémisme, nous nous adresserons à un auteur qui a consacré à ce sujet un ouvrage en quatre volumes dans lesquels on trouve, à côté d'une collection aussi complète que possible d'observations, la discussion la plus approfondie des problèmes qu'elles soulèvent. Nous n'oublierons jamais ce que nous devons à M. Frazer, l'auteur de *Totemism and Exogamy* [3], alors même que nos recherches psychanalytiques nous auront conduit à des résultats s'écartant des siens [4].

Un totem, écrivait Frazer dans son premier travail

(*Totemism,* Edinburgh 1887), reproduit dans le premier volume de son grand ouvrage Totemism *and Exogamy,* est un objet matériel auquel le sauvage témoigne un respect superstitieux, parce qu'il croit qu'entre sa propre personne et chacun des objets de cette espèce existe une relation tout à fait particulière. Les rapports entre un homme et son tabou sont réciproques : le totem protège l'homme, et l'homme manifeste son respect pour le totem de différentes manières, par exemple en ne le tuant pas, lorsque c'est un animal, en ne le cueillant pas, lorsque c'est une plante. Le totem se distingue du fétiche en ce qu'il n'est jamais un objet unique, comme ce dernier, mais toujours le représentant d'une espèce, animale ou végétale, plus rarement d'une classe d'objets inanimés, et plus rarement encore d'objets artificiellement fabriqués.

On peut distinguer au moins trois variétés de totem :

1° le totem de la tribu, se transmettant de génération en génération;

2° le totem particulier à un sexe, c'est-à-dire appartenant à tous les membres, mâles ou femelles, d'une tribu donnée, à l'exclusion des membres du sexe opposé;

3° le totem individuel, qui appartient à une seule personne et se transmet à ses descendants. Les deux dernières variétés de totem ont une importance insignifiante en comparaison du. totem de la tribu. On a des raisons de croire qu'elles ne sont apparues que tardivement et ne représentent que des formations peu essentielles.

Le totem tribal (du clan) est vénéré par un groupe d'hommes et de femmes qui portent son nom, se considèrent comme les descendants d'un ancêtre commun et sont étroitement liés les uns aux autres par des devoirs communs et par la croyance à leur totem commun.

Le totémisme est un système à la fois religieux et social. Au point de vue religieux, il consiste dans des rapports de respect et d'égards mutuels entre l'homme et son totem; au point de vue social, dans des obligations réciproques existant entre les membres du clan et dans des obligations de tribu à tribu. Au cours du développement ultérieur du totémisme, ces deux aspects ont une tendance à se séparer l'un de l'autre; le système social survit souvent au système religieux et, inversement, on retrouve des restes de totémisme dans la religion de pays dans lesquels le système social fondé sur le totémisme a déjà disparu. Étant donné l'ignorance où nous sommes relativement aux origines du totémisme, nous ne pouvons connaître avec certitude la modalité des rapports qui avaient existé primitivement entre ces deux aspects. Il est cependant tout à fait vraisemblable qu'ils étaient au début inséparablement liés l'un à l'autre. En d'autres termes, plus nous remontons en arrière, et plus nous constatons que les membres de la tribu se considèrent comme appartenant à la même espèce que le totem et que leur attitude envers leurs semblables ne diffère en rien de celle qu'ils observent à l'égard du totem.

Dans sa description spéciale du totémisme comme système religieux, Frazer nous apprend que les membres d'une tribu se dénomment d'après leur totem et *croient aussi, en général, qu'ils en descendent*. Il résulte de cette croyance qu'ils ne font pas la chasse à l'animal totem, ne le tuent pas et ne le mangent pas et qu'ils s'abstiennent de tout autre usage du totem, lorsque celui-ci n'est pas un animal. L'interdiction de tuer et de manger le totem n'est pas le seul tabou qui le concerne; parfois il est aussi interdit de le toucher, voire de le regarder; dans certains cas, le totem ne doit pas être appelé par son vrai nom. La transgression de ces prohibitions de tabou, protectrices du totem, se punit automatiquement par de graves maladies et par la mort [5].

Des individus de la race totem sont souvent élevés parle clan et maintenus en captivité [6]. Un animal totem, lorsqu'il est trouvé mort, est pleuré et enterré comme un membre du clan. Lorsqu'on était obligé de tuer un animal totem, on le faisait en observant un rituel prescrit d'excuses et de cérémonies d'expiation.

La tribu attendait de son totem protection et faveurs. Lorsqu'il était un animal dangereux (bête de proie, serpent venimeux) on le supposait incapable de nuire à ses camarades-hommes, et dans le cas contraire la victime était exclue de la tribu. Les serments, pense Frazer, étaient au début des ordalies ; c'est ainsi qu'on s'en remettait à la décision du totem, lorsqu'il s'agissait de résoudre des questions de descendance et d'authenticité. Le totem assiste les hommes dans les maladies, dispense au clan signes et avertissements. L'apparition d'un animal totem à proximité d'une maison était souvent considérée comme l'annonce d'une mort : le totem venait y chercher son parents. [7]

Dans beaucoup de circonstances importantes, le membre du clan cherche à accentuer sa parenté avec le totem, en se rendant extérieurement semblable à lui, en se couvrant de la peau de l'animal, en faisant graver sur son corps l'image de l'animal, etc. Dans les circonstances solennelles de la naissance, de l'initiation à la maturité, des enterrements, cette identification avec le totem est réalisée en paroles et en fait. Des danses, au cours desquelles tous les membres de la tribu se couvrent de la peau de leur totem et accomplissent les gestes et les démarches qui le caractérisent, sont exécutées en vue, de certaines fins magiques et religieuses. Il y a enfin des cérémonies au cours desquelles l'animal est tué solennellement [8].

Le côté social du totémisme s'exprime surtout dans la rigueur avec laquelle on observe la prohibition et dans l'étendue et l'ampleur des restrictions. Les membres d'un clan totémique se considèrent comme frères et sœurs, obligés de s'entraider et de se protéger réciproquement. Lorsqu'un membre du clan est tué par un «ranger, toute la tribu dont fait partie le meurtrier est responsable de son acte criminel, et le clan dont faisait partie la victime exige solidairement l'expiation pour le sang versé. Les liens totémiques sont plus forts que les liens de famille, au sens que nous leur attribuons; les uns et les autres ne coïncident pas, car le totem se transmet généralement en ligne maternelle, et il est probable que l'hérédité paternelle n'était pas du tout reconnue au début.

Il en résulte une restriction tabou, en vertu de laquelle les membres du même clan totémique ne doivent pas contracter mariage entre eux et doivent, en général, s'abstenir de relations sexuelles entre hommes et femmes appartenant au même clan. Nous voilà en présence du l'exogamie, ce fameux et énigmatique corollaire du totémisme. Nous lui avons consacré tout le premier chapitre de cet ouvrage; rappelons seulement qu'elle est un effet de la phobie de l'inceste qui existe à l'état très prononcé chez le sauvage; qu'en tant qu'assurance contre l'inceste elle serait tout à fait compréhensible dans les mariages de groupes ; qu'elle vise tout d'abord à préserver de l'inceste la jeune génération, et ce n'est qu'au cours de son développement ultérieur qu'elle devient aussi une entrave pour les générations plus anciennes [9].

À cet exposé du totémisme par Frazer, un des premiers qui aient paru dans la littérature sur ce sujet, nous ajouterons quelques extraits de synthèses parues postérieurement. Dans ses *Éléments de psychologie des peuples,* parus en 1912, W. Wundt écrit [10] : « L'animal-totem est considéré comme l'animal-ancêtre du groupe correspondant. *Totem* est donc, d'une part, un nom de groupe et de descendance et, en tant que nom de descendance, il a aussi une signification mythologique. Toutes ces significations de la notion sont cependant loin d'être rigoureusement délimitées; dans certains cas, quelques-unes d'entres elles reculent à l'arrière-plan, les totems devenant alors un simple procédé de. nomenclature des divisions du clan, tandis que dans d'autres cas c'est la représentation relative à la descendance ou la signification sociale du totem qui passe au premier plan... La notion du totem sert de base à la subdivision intérieure et à l'organisation du clan. Ces normes ayant poussé de profondes racines dans la croyance et les sentiments des membres du clan, il en était résulté que l'animal totem ne servait pas seulement au début à, désigner un groupe de membres d'une tribu, mais était aussi considéré la plupart du temps comme l'ancêtre d'un sous-groupe donné... Aussi les ancêtres animaux étaient-ils l'objet d'un culte... Abstraction faite de certaines cérémonies et fêtes cérémoniales, ce culte s'exprimait principalement par une attitude déterminée à l'égard du totem : ce n'était pas seulement tel ou tel animal particulier, c'étaient tous les représentants de la même espèce qui étaient considérés, dans une certaine mesure, comme des animaux sacrés; il était interdit, sauf dans certaines circonstances exceptionnelles, de manger de la chair de l'animal totem. Et cette interdiction avait sa contre-partie significative dans des cérémonies qui, dans certaines conditions, accompagnaient l'absorption de la chair de l'animal-totem... »

« ... Le côté social le plus important de cette division totémique. de la tribu consiste dame les normes morales qui en résultent concernant les rapports entre les groupes. Les principales de ces normes sont celles relatives aux rapports matrimoniaux. C'est ainsi que cette division de la tribu implique un phénomène important qui apparaît pour la première fois à l'époque totémique : l'exogamie.

« Si, faisant la part des modifications et atténuations ultérieures, nous voulons maintenant nous faire une idée de la nature du totémisme primitif, nous pouvons la résumer ainsi, *les totem n'étaient primitivement que des animaux et étaient considérés comme les ancêtres des tribus; le totem ne se transmettait héréditairement qu'en ligne maternelle; il était défendu de le tuer (ou d'en manger, ce qui, pour l'homme primitif, était la même chose); il était défendu aux membres d'un totem de contracter mariage avec des membres du sexe opposé reconnaissant le même totem* [11] ».

Ce qui est fait pour nous étonner, c'est que ne figure pas dans le « Code du totémisme », tel que le formule Reinach, le tabou principal, celui de l'exogamie, tandis que le caractère ancestral de l'animal totem ne s'y trouve mentionné qu'en passant.

Mais j'ai préféré donner l'exposé de Reinach, qui est un des auteurs auquel nous devons la plus grande lumière sur cette question, pour préparer le lecteur aux divergences d'opinions que nous allons constater chez les savants dont nous nous occuperons.

1. P. 139.
2. « Revue scientifique », octobre 1900. Reproduit dans l'ouvrage en quatre volumes du même auteur: *Cultes, Mythes et Religions,* 1909, t. I, p 17 et suivantes.
3. 1910.
4. Peut-être ferons-nous bien de mettre auparavant les lecteurs au courant des difficultés contre lesquelles on a à lutter, lorsqu'on cherche à obtenir des certitudes dans ce domaine.

    En premier Lieu : les personnes qui recueillent les observations ne sont pas les mêmes que celles qui les élaborent et les discutent, les premières étant des voyageurs et des missionnaires, les autres des savants qui n'ont peut-être jamais vu les objets de leurs recherches. Il n'est pas facile de s'entendre avec les sauvages. Tous les observateurs ne sont pas familiarisés avec leurs langues et sont obligés de recourir à des interprètes ou de se servir de la langue auxiliaire « piggin-english ». Les sauvages ne sont pas volontiers communicatifs, lorsqu'il s'agit des choses les plus intimes de leur culture et ne se confient qu'aux étrangers qui ont vécu, longtemps au milieu d'eux. Pour les raisons les plus diverses (voir Frazer: *The beginnings of religion and totemism among the australian aborigines,* « Fortnightly Review », *1905, Totemism and Exogamy, I, p. 150),* ils donnent souvent des renseignements faux et erronés. - Il ne faut pas oublier non plus que les peuples primitifs, loin d'être des peuples jeunes, sont aussi vieux que les peuples les plus civilisés et qu'on ne doit pas s'attendre à ce que leurs idées et institutions primitives se soient conservées intactes et sans la moindre déformation jusqu'à nos jours. Il est plutôt certain que des changements profonds se sont produits chez les primitifs dans toutes les directions, de sorte qu'on ne peut jamais dire ce qui, dans leurs idées et opinions actuelles, représente comme une pétrification d'un passé primitif et ce qui n'est qu'une déformation et une modification de ce passé. D'où les interminables discussions entre les auteurs sur ce qui, dans les particularités d'une culture primitive, doit être considéré comme primaire et sur ce qui n'est qu'une formation secondaire. L'établissement de l'état primitif reste ainsi toujours une affaire de construction. En dernier lieu, il n'est pas facile de se replacer dans la mentalité du primitif. Nous comprenons celui-ci aussi peu que nous comprenons les enfants et sommes toujours portés à interpréter ses actes et sentiments d'après nos propres constellations psychiques.
5. Voir le chapitre sur le tabou.
6. Comme le sont encore aujourd'hui les loups en cage sur l'escalier tu Capitole et les ours dans la fosse de Berne.

7. Comme la « dame blanche » de certaines familles de la noblesse.
8. L. c., p. 45. Voir plus loin les considérations sur le sacrifice.
9. Voir chapitre I.
10. P. 116.
11. A rapprocher de ces thèses les conclusions suivantes que Frazer formule sur le totémisme dans son deuxième travail sur ce sujet (The *origin of totemism*, « Fortnightly Review ». 1899) : « C'est ainsi que le totémisme a été généralement traité comme un système primitif, à la fois politique et religieux. Comme système religieux, il signifie l'union mystique du sauvage avec son totem ; comme système social, il comprend les relations réciproques existant entre hommes et femmes du même totem et entre des groupes totémiques différents. Et à ces deux aspects du système correspondent deux canons nets et tranchés du totémisme : en premier lieu, la règle en vertu de laquelle un homme ne doit pas tuer on manger son totem, animal ou plante; en deuxième lieu, la règle qui lui interdit de se marier on de cohabiter avec une femme appartenant au même totem que lui » (p. 101). Frazer ajoute ensuite ceci, qui nous introduit au cœur même des discussions sur le totémisme : « Quant à savoir si les deux aspects, religieux et social, ont toujours coexisté ou sont essentiellement indépendants l'un de l'autre, - c'est là une question qui a reçu des réponses variées ».

LE RETOUR INFANTILE DU TOTÉMISME - II

Plus on se rendait compte que le totémisme représentait une phase normale de toute culture, et plus on éprouvait le besoin de le comprendre, d'élucider l'énigme de sa nature. Tout est, en effet, énigmatique dans le totémisme; les questions décisives sont celles relatives aux origines de la généalogie totémique, à la motivation de l'exogamie (et du tabou de l'inceste auquel elle sert de truchement) et aux rapports, entre la généalogie et l'exogamie, c'est-à-dire entre l'organisation totémique et la prohibition de l'inceste. Nous devrions chercher à obtenir une conception à la fois historique et psychologique du totémisme, une conception qui nous éclaire sur les conditions dans lesquelles se sont développées ces singulières institutions et sur les besoins psychiques de l'homme dont elles sont l'expression.

Or, mes lecteurs seront certainement étonnés d'apprendre que pour répondre à ces questions, des chercheurs aussi compétents les uns que les autres se sont placés à des points de vue extrêmement variés et ont exprimé des opinions entre lesquelles les divergences sont souvent considérables. C'est ainsi que tout ce qu'on pourrait dire du totémisme et de l'exogamie en général est encore sujet à caution, et même le tableau que nous avons tracé, d'après un ouvrage de Frazer publié en 1887, exprime lui aussi un parti-pris arbitraire de l'auteur qui, après avoir souvent changé d'idées sur ce sujet, n'hésiterait certainement pas à le renier aujourd'hui [1].

Il semble naturel d'admettre que si l'on pouvait pénétrer la nature du totémisme et de l'exogamie, on ferait un grand pas vers la connaissance des origines de ces deux institutions. Mais pour pouvoir bien juger la situation, on doit avoir présente à l'esprit l'observation d'Andrew Lang, a savoir que, même chez les peuples primitifs, les formes originelles de ces institutions et les conditions de leur formation ont disparu, de sorte que nous en sommes réduits à remplacer les faits qui manquent par des hypothèses [2]. Parmi les essais d'explication préconisés, quelques-uns paraissent d'avance inadéquats aux yeux du psychologue. Ils sont trop rationnels et ne tiennent aucun compte du côté affectif des choses. D'autres reposent sur des prémisses qui ne sont pas confirmées par l'observation; d'autres encore s'appuient sur des matériaux qu'on pourrait avec plus de raison interpréter autrement. Il n'est pas difficile en général de réfuter les différentes opinions émises; comme toujours, les auteurs se montrent plus experts dans les critiques qu'ils s'adressent les uns aux autres que dans la partie positive de leurs travaux. Aussi n'est-il pas étonnant de constater que dans les ouvrages les plus récents sur ce sujet, dont nous ne pouvons citer qu'une petite partie, on trouve une tendance de plus en plus grande à déclarer impossible la solution générale des problèmes totémistes (Voir, par exemple, B. Goldenweiser, dans *Journal of Amer. Folk-Lore,* XXIII, 1910. Travail résumé dans *Britannica Year Bok,* 1913). Je me permets de citer ces hypothèses contradictoires, sans tenir compte de l'ordre chronologique.

a) L'origine du totémisme.

La question des origines du totémisme peut encore être formulée ainsi : comment les hommes primitifs en sont-ils venus à se dénommer (eux et leurs tribus) d'après des animaux, des plantes, des objets inanimés [3] ?

L'Écossais Mac Lennan [4], auquel la science doit la découverte, du totémisme et de l'exogamie, s'est abstenu de se Prononcer sur les origines du totémisme. D'après une communication d'A. Lang [5], il était longtemps porté à ramener le totémisme à la coutume du tatouage. Je divise les théories qui ont été publiées sur les origines du totémisme en trois groupes : i) les théories nominalistes, ii) les théories sociologiques, iii) les théories psychologiques.

i) Les théories nominalistes.

Ce que nous savons de ces théories justifie leur classement sous ce titre.

Garcilaso de la Vega, descendant des Inkas du Pérou, qui écrivit au XVIIe siècle l'histoire de son peuple, ramena ce qu'il savait des phénomènes totémiques au besoin des tribus de se distinguer les unes des autres par leurs noms [6]. On retrouve la même opinion deux siècles plus tard dans *l'Ethnology* de A. K. Keane : le totem, d'après cet auteur, aurait eu pour point de départ les armoiries héraldiqnes (« heraldic badges ») par les. quelles individus, familles et tribus voulaient se distinguer les uns des autres [7].

Max Muller a émis la même opinion dans ses *Contribulions to the Science of Mythology* [8]. Un totem, d'après lui, serait : 1° un insigne de clan; 2° un nom de clan; 3° le nom d'un ancêtre du clan; 4° le nom d'un objet vénéré par le clan. En 1899, J. Pikler écrivait : « Les hommes avaient besoin, pour les collectivités et les individus, d'un nom permanent, fixé par l'écriture... Le totémisme naquit ainsi, non d'un besoin religieux, mais d'un besoin prosaïque, pratique. Le noyau du totémisme, la dénomination, est un résultat de la technique de l'écriture primitive. Le caractère du totem est celui de signes d'écriture faciles à reproduire. Mais une fois que les sauvages se sont donné le nom d'un animal, ils en ont déduit l'idée d'une parenté avec cet animal [9] ».

Herbert Spencer [10] attribuait également à la dénomination le rôle décisif dans la formation du totémisme. D'après lui, certains individus auraient présenté des qualités qui leur auraient fait attribuer des noms d'animaux; ils auraient ainsi acquis des titres ou des sobriquets qu'ils auraient ensuite transmis à leur descendance. En raison de l'indétermination et de l'inintelligibilité des langues primitives, les générations ultérieures auraient conçu ces noms comme témoignant de leur descendance de ces animaux. C'est ainsi que le totémisme se serait transformé, à la suite d'un malentendu, en culte des ancêtres.

Lord Avebury (plus connu sous le nom Sir John Lubbock) explique exactement de même, sans toutefois insister sur le malentendu, l'origine du totémisme. Si, dit-il, nous voulons expliquer le culte des animaux, nous ne devons pas oublier avec quelle fréquence les hommes empruntent leurs noms aux animaux. Les enfants ou les partisans d'un homme qui avait reçu le nom d'ours ou de lion ont naturellement fait de ce nom un nom de famille ou de tribu. Il advint ainsi que l'animal lui-même est devenu l'objet d'un certain respect et même d'un culte.

Fison a formulé une objection, qui paraît irréfutable, contre cette tendance à vouloir déduire les noms totémiques de noms individuels [11]. Invoquant les renseignements que nous possédons sur l'Australie, il montre que le totem est toujours une désignation d'un groupe d'hommes, jamais celle d'un individu. S'il en avait été autrement, si le totem avait été primitivement le nom d'un individu, il n'aurait jamais pu se transmettre aux enfants, étant donné le régime de la succession mater

Toutes ces théories que nous venons de citer sont d'ailleurs manifestement insuffisantes. Si elles expliquent pourquoi les tribus primitives portent des noms d'animaux, elles laissent sans explication l'importance que cette dénomination a acquise à leurs yeux, autrement dit elles n'expliquent pas le système totémique. La théorie la plus remarquable de ce groupe est celle développée par Lang dans ses ouvrages: Social *Origins* (1903) et *The secret of the totem (1905).* Tout en faisant de la dénomination le noyau du problème, elle tient compte de deux intéressants facteurs psychologiques et prétend ainsi résoudre d'une façon définitive l'énigme du totémisme.

Peu importe, d'après A. Lang, la manière dont les clans ont été conduits à se donner des noms d'animaux. Qu'on se contente d'admettre qu'ils ont eu un jour la conscience du fait qu'ils portaient des noms d'animaux, sans pouvoir se rendre compte d'où ils venaient. *L'origine de ces noms est oubliée. Ils* auraient essayé alors d'obtenir de ce fait une explication spéculative, et étant donné l'importance qu'ils attribuaient aux noms, ils devaient nécessairement aboutir à toutes les idées contenues dans le système totémique. Comme pour les sauvages de nos jours et même pour nos enfants [12], les noms sont pour les primitifs, non quelque chose de conventionnel et d'indifférent, mais des attributs significatifs et essentiels. Le nom d'un homme est une des parties essentielles de sa personne, peut-être même de son âme. Le fait de porter le même nom qu'un animal donné a dû amener le primitif à admettre un lien mystérieux et significatif entre sa personne et l'espèce animale dont il portait le nom. Quel autre lien aurait-il pu concevoir, si ce n'est un lien de sang ? Ce lien une fois admis, en raison de l'identité de noms, toutes les prescriptions totémiques, y compris l'exogamie, devaient en découler, en tant que conséquences directes du tabou du sang.

« Trois conditions, et rien que trois, ont contribué à la naissance des croyances et pratiques totémiques, y compris l'exogamie : l'existence d'un nom d'animal, d'origine inconnue, servant à désigner un groupe; la croyance à un lien transcendantal entre tous les porteurs, hommes et animaux, de ce nom; le préjugé du sang ». *(Secret of the Totem, p. 126).*

L'explication de Lang est, pour ainsi dire, à deux temps. Elle déduit le système totémique, avec une nécessité psychologique, de l'existence du nom totémique, en admettant que le souvenir concernant l'origine de ce nom s'est perdu. L'autre partie de la théorie cherche à découvrir cette origine, et nous verrons qu'elle est d'une trempe toute différente.

Cette autre partie, en effet, ne s'écarte pas beaucoup de toutes les autres théories que j'appelle « nominalistes ». Le. besoin pratique de se distinguer les unes des autres a obligé les tribus à adopter des noms, ceux de préférence que chaque tribu donnait à une autre. Ce « naming from without » constitue la caractéristique de la théorie de Lang. Le fait que les noms adoptés étaient empruntés à des animaux n'a rien qui doive nous étonner et n'était certainement pas considéré par les primitifs comme une honte ou une raillerie. Lang cite d'ailleurs des cas assez nombreux empruntés à des époques historiques plus proches de nous où des noms donnés à titre de raillerie ont été adoptés et très volontiers portés par les intéressés (Les Gueux, les Tories, les Whigs). L'hypothèse que l'origine de ce nom a été oubliée au cours des temps rattache cette seconde partie de la théorie de Lang à celle exposée précédemment.

ii) Les théories sociologiques

S. Reinach, qui a recherché avec succès les survivances du système totémique dans le culte et les coutumes des périodes postérieures, mais qui a négligé (lès le début le caractère ancestral de l'animal totem, dit quelque part sans hésitation qu'à don avis le totémisme n'est pas autre chose qu'une « hypertrophie de l'instinct social [13] ».

Telle est aussi l'idée qui se trouve à la base de l'ouvrage d'Émile Durkheim *(1912) : Les formes élémentaires de la vie religieuse. Le système totémique en Australie.* Le totem ne serait, d'après Durkheim, que le représentant visible de la religion sociale de ces peuples. Il incarnerait la collectivité qui, elle, serait l'objet propre du culte.

D'autres auteurs ont cherché des arguments plus forts en faveur de cette thèse qui attribue aux tendances sociales un rôle prédominant dans la formation des institutions totémiques. C'est ainsi que A. C. Haddon suppose que toute tribu primitive se nourrissait au début d'une seule espèce d'animaux ou de plantes, dont elle faisait même peut-être commerce, en s'en servant comme d'un moyen d'échange contre des produits fournis par d'autres tribus. Il était donc naturel que cette tribu fût finalement connue à d'autres sous le nom de l'animal qui jouait dans sa vie un si grand rôle. En même temps devait naître chez cette tribu une familiarité particulière avec l'animal en question et une sorte d'intérêt pour lui, fondé uniquement sur le plus élémentaire et le plus urgent des besoins humains, la faim [14].

À cette théorie, la plus rationnelle de toutes celles relatives au totémisme, il a été objecté que l'état d'alimentation qu'elle suppose n'a été trouvé nulle part chez les primitifs et n'a probablement jamais existé. Les sauvages sont omnivores, et ils le sont d'autant plus que le niveau de leur nature est plus bas. En outre, on ne comprend pas comment cette diète exclusive a pu donner naissance à une attitude presque religieuse à l'égard du totem, caractérisée par une abstention absolue de toucher à la nourriture préférée.

La première des trois théories que Frazer a formulées sur l'origine du totémisme était une théorie psychologique. Nous en parlerons ailleurs.

Ici nous ne nous occuperons que de la deuxième, qui a été suggérée à Frazer par un important travail de deux savants sur les indigènes de l'Australie Centrale [15].

Spencer et Gillen ont décrit tout un ensemble d'institutions, coutumes et croyances singulières existant dans un groupe de tribus connu sous le nom de nation Arunta, et Frazer a adhéré à leur conclusion, d'après laquelle ces singularités seraient à considérer comme autant de traits d'un état primitif et seraient de nature a nous renseigner sur le sens premier et authentique du totémisme.

Les particularités qu'on observe chez la tribu

Arunta (une partie de la nation Arunta) sont les suivantes :

1. Les Arunta présentent bien la division en clans totémiques, mais le totem, au lieu d'être transmis héréditairement, est attaché (nous verrons plus loin de quelle manière) à chaque individu.

2. Les clans totémiques ne sont pas exogamiques, les restrictions matrimoniales étant fondées sur une division, poussée très loin, en classes matrimoniales qui n'ont rien à voir avec le totem.

3. La fonction du clan totémique consiste dans l'accomplissement d'une cérémonie ayant pour but de provoquer, par des moyens essentiellement magiques, la multiplication de l'objet totémique comestible (cette cérémonie s'appelle *Intichiuma*).

4. Les Arunta ont une théorie singulière concernant la conception et la résurrection. Ils prétendent que dans certaines régions de leur pays les esprits des morts appartenant au même totem qu'eux attendent leur résurrection et s'introduisent dans le corps des femmes qui viennent à passer dans ces endroits. Lorsqu'un enfant naît, la mère indique l'endroit où elle croit l'avoir conçu. Et c'est d'après cette indication que se trouve désigné le totem de l'enfant. Ils admettent, en outre, que les esprits, aussi bien des morts que de ceux qui ont subi la résurrection, sont attachés à des amulettes de pierre particulières (appelées Churinga) qu'on trouve dans ces endroits-là.

Deux faits semblent avoir suggéré à Frazer l'opinion que les institutions des Arunta représentent la forme 'la plus ancienne du totémisme. C'est d'abord l'existence de certains mythes affirmant que les ancêtres des Arunta se sont nourris régulièrement de leur totem et n'ont jamais épousé que des femmes appartenant au même totem qu'eux. C'est, ensuite, l'importance en apparence tout à fait secondaire que les Arunta attribuent à l'acte sexuel dans leur théorie de la conception. Or, des hommes qui n'ont pas reconnu que la conception est la conséquence de rapports sexuels peuvent à bon droit être considérés comme les plus primitifs parmi tous ceux qui vivent aujourd'hui. En prenant pour base de son opinion sur le totémisme la cérémonie *Intichiuma*, Frazer crut apercevoir le totémisme sous un jour entièrement nouveau, sous l'aspect d'une organisation purement pratique, destinée a combattre les besoins les plus naturels de l'homme (voir plus haut l'opinion de Haddon) [16]. Le système lui est apparu tout simplement comme une « cooperative magic » de grand style. Les primitifs formaient une association pour ainsi dire magique de production et de consommation. Chaque clan totémique était chargé d'assurer l'abondance d'une certaine denrée alimentaire. Lorsqu'il s'agissait, non de totem comestibles, mais d'animaux dangereux, de la pluie, du vent, etc., le clan était chargé de s'occuper de cet ordre de phénomènes, afin de détourner ses effets nuisibles. Comme le clan ne devait pas manger der son totem ou qu'il devait en manger à peine, il était occupé à approvisionner de ce précieux bien les autres qui, en échange, lui fournissaient ce dont ils étaient chargés à leur tour. A la lumière de cette conception, fondée sur la cérémonie *Intichiuma,* il avait paru à Frazer que la prohibition de manger de son propre totem a fait négliger le côté le plus important de cette institution, à savoir le commandement de veiller autant que possible à ce que les autres ne manquent pas du totem comestible.

Frazer a admis la tradition des Arunta, d'après laquelle chaque clan totémique se serait nourri primitivement, sans restriction aucune, de son totem. Mais des difficultés se sont présentées, lorsqu'il s'est agi de comprendre le développement ultérieur, au cours duquel on se contentait d'abandonner le totem à la consommation des autres, en renonçant soi-même à son usage. Frazer pensa alors que cette restriction avait été dictée, non par un respect religieux, mais par l'observation qu'aucun animal ne se nourrissait de la chair des autres animaux de son espèce; et on en aurait tiré la conclusion qu'en faisant le contraire on porterait atteinte à l'identification avec le totem, ce qui serait préjudiciable au pouvoir qu'on voulait acquérir sur lui. Ou, encore, la restriction en question pouvait s'expliquer par le désir de se rendre l'animal favorable, en l'épargnant. Frazer ne se faisait d'ailleurs aucune illusion sur les difficultés que présentait cette explication [17], de même qu'il n'osa pas se prononcer sur la manière dont l'habitude de contracter des mariages à l'intérieur de la tribu totémique a pu aboutir à l'exogamie.

La théorie de Frazer, fondée sur *l'Intichiuma*, se base sur l'affirmation de la nature primitive des institutions Arunta. Or, il semble impossible de maintenir cette affirmation en présence des objections qui lui ont été opposées par Durkheim [18] et par Lang [19]. Les Arunta se présentent plutôt comme les plus développées parmi les tribus australiennes, plutôt à la phase de dissolution qu'au début du totémisme. Les mythes qui ont fait une si profonde impression sur Frazer, parce que, contrairement aux institutions aujourd'hui en vigueur, ils proclament la liberté de manger du totem et de contracter des mariages à l'intérieur du clan totémique, doivent plutôt être considérés, tout comme le mythe de l'âge d'or, comme des expressions de désirs dont la réalisation a été projetée dans le passé.

iii) Les théories psychologiques.

La première théorie psychologique que Frazer a formulée avant d'avoir pris connaissance des observations de Spencer et Gillen, reposait sur la croyance à « l'âme extérieure »[20]. Le totem représenterait un refuge sûr dans lequel l'âme serait déposée, afin d'être soustraite aux dangers qui pourraient la menacer. Lorsque le primitif avait confié son âme à son totem, il devenait lui-même invulnérable et se gardait naturellement de causer le moindre préjudice au porteur de son âme. Mais comme il ne savait pas lequel des individus de l'espèce animale était ce porteur, il prenait le parti de ménager l'espèce entière. Plus tard, Frazer a lui-même renoncé à rattacher le totémisme à la croyance aux âmes.

Lorsqu'il eut pris connaissance des observations de Spencer et Gillen, il a formulé sa théorie sociologique du totémisme que nous avons analysée précédemment, tout en reconnaissant que le motif dont il déduisait ainsi le totémisme était trop « rationnel » et supposait une organisation sociale trop compliquée pour être primitive[21]. Les associations coopératives magiques lui apparurent alors plutôt comme des fruits tardifs que comme des germes du totémisme. Il recherchait, derrière ces formations, un facteur plus simple, une superstition primitive d'où il pût faire dériver le totémisme. Et il crut l'avoir trouvé dans la remarquable théorie conceptionnelle des Arunta.

Les Arunta suppriment, ainsi que nous l'avons déjà dit, le rapport entre la conception et l'acte sexuel. Lorsqu'une femme se sent devenir mère, c'est qu'au moment où elle éprouve cette sensation un des esprits aspirant à la résurrection a quitté le séjour des esprits le plus proche pour s'introduire dans le corps de cette femme qui le mettra au monde comme étant son enfant. Cet enfant aura le même totem que les autres esprits séjournant dans le même endroit. Cette théorie conceptionnelle est incapable d'expliquer le totémisme, puisqu'elle suppose déjà l'existence du totem. Mais si, faisant un pas de plus en arrière, on admet que la femme croyait dès le début que l'animal, la plante, la pierre, l'objet, qui occupaient son esprit au moment ou elle s'est sentie mère pour la première fois, ont vraiment pénétré en elle pour naître ensuite avec une forme humaine : si l'on admet cela, disons-nous, alors l'identité d'un homme avec son totem trouve réellement sa justification dans la croyance de la mère, et toutes les autres prohibitions totémiques (à l'exception de l'exogamie) peuvent être déduites de cette croyance. L'homme hésite, dans ces conditions, à manger l'animal ou la plante totem, parce qu'il se mangerait lui-même. Mais de temps à autre il sera disposé à consommer avec cérémonie un peu de son totem, afin de renforcer ainsi son identité avec lui, identité qui constitue la partie essentielle du totémisme. Les observations de W.-H.-R. Rivers sur les naturels des Iles Banco semblent en effet démontrer l'identification directe de l'homme avec son totem, sur la base d'une pareille théorie conceptionnelle [22].

La source dernière du totémisme consisterait donc dans l'ignorance où se trouvent les sauvages quant à la manière dont hommes et animaux procréent et perpétuent leur espèce, et surtout dans l'ignorance du rôle que le mâle joue dans la fécondation. Cette ignorance a pu être favorisée par la longueur de l'intervalle qui sépare l'acte de la fécondation de la naissance de l'enfant (ou du moment où la mère ressent les premiers mouvements de l'enfant). Le totémisme serait ainsi une création de l'esprit féminin, et non masculin. Il aurait sa source dans les « envies » (sick *fancies*) de la femme enceinte. « Tout ce qui a frappé l'imagination d'une femme à ce mystérieux moment de sa vie où elle a ressenti pour la première fois qu'elle était mère a pu, en effet, facilement être identifié par elle avec l'enfant qu'elle portait dans ses flancs. Ces illusions maternelles, si naturelles et, semble-t-il, si universelles, peuvent très bien avoir été la racine du totémisme » [23].

L'objection principale qu'on peut adresser à cette troisième théorie de Frazer est la même que celle qui a été formulée contre sa deuxième théorie, la théorie sociologique. Les Arunta semblent très éloignés des commencements du totémisme. Leur négation de la paternité ne paraît pas reposer sur une ignorance primitive ; dans beaucoup de cas ils connaissent même l'hérédité en ligne paternelle. On dirait qu'ils ont sacrifié la paternité à une sorte de spéculation, destinée à assurer les honneurs aux esprits des ancêtres [24]. En faisant du mythe de la conception immaculée une théorie conceptionnelle générale, ils n'ont pas fait preuve de plus d'ignorance, en ce qui concerne les conditions de la fécondation, que les peuples de l'antiquité à l'époque de la naissance des mythes chrétiens.

Le Hollandais G. A. Wilken a proposé une autre explication de l'origine du totémisme, en rattachant celui-ci à la croyance à la transmigration des âmes. « L'animal dans lequel, d'après la croyance générale, ont passé les âmes des morts, devenait un parent de sang, un ancêtre et était vénéré comme tel ». Cependant c'est plutôt la croyance à la transmigration des âmes qui s'expliquerait par le totémisme, et ton celui-ci par celle-là [25].

Une autre théorie du totémisme a été formulée par d'excellents ethnologistes américains, tel que Fr. Boas, Hill-Tout et autres. S'appuyant sur des observations faites sur des tribus totémiques américaines, elle affirme que le totem est primitivement l'esprit tutélaire qu'un ancêtre s'est acquis grâce à un rêve et qu'il a transmis à sa postérité. Nous avons déjà fait ressortir plus haut les difficultés qui s'opposent à l'explication des origines du totémisme par la transmission héréditaire individuelle; en outre, les observations faites en Australie ne justifient nullement cette relation génétique entre l'esprit tutélaire et le totem [26].

La dernière des théories psychologiques, celle de Wundt, considère comme décisifs les deux faits suivants : en premier lieu, le fait que l'objet totémique le plus primitif et le plus répandu est l'animal et, en second lieu, le fait que, parmi les animaux totémiques, les plus répandus sont ceux ayant une « âme ». [27] Les animaux pourvus d'âme, tels que serpents, oiseaux, lézards, souris, grâce à leur grande mobilité, à leur pouvoir de voler dans les airs et à. d'autres propriétés inspirant la surprise et l'horreur, semblent prédestinés à être les porteurs des âmes ayant abandonné les corps. L'animal totémique est un produit des transformations animales de l'âme humaine. C'est ainsi que, d'après Wundt, la totémisme se rattacherait directement à la croyance aux âmes, c'est-à-dire à l'animisme.

b) et c). L'origine de l'exogamie et ses rapports avec le totémisme

Tout en ayant cité avec quelques détails les théories relatives au totémisme, je crains fort de n'en avoir pas donné une idée suffisante, en raison des abréviations auxquelles j'ai été obligé d'avoir recours. En ce qui concerne les questions dont nous allons nous occuper maintenant, je crois pouvoir me permettre, dans l'intérêt même du lecteur, d'être plus concis encore. Les discussions sur l'exogamie des peuples totémiques sont particulièrement compliquées et nombreuses, étant donné la nature des matériaux relatifs à ce sujet.; on pourrait même (lire, sans exagération, que ce qui les caractérise surtout, c'est la confusion. Le but que je poursuis me permet d'ailleurs de me borner à relever quelques lignes directrices et de renvoyer ceux qui veulent se faire une idée plus approfondie de la question aux ouvrages spéciaux que j'ai si souvent eu l'occasion de citer.

L'attitude d'un auteur à l'égard des problèmes relevant de l'exogamie dépend naturellement, dans une certaine mesure tout au moins, de ses sympathies pour telle ou telle théorie totémique. Quelques-unes des explications proposées sont sans aucun rapport avec l'exogamie, comme s'il s'agissait de deux institutions tout à fait distinctes. C'est ainsi que nous nous trouvons en présence de deux conceptions, dont l'une, s'en tenant aux apparences primitives, voit dans l'exogamie une partie essentielle du système totémique, tandis que l'autre conteste ce lien et ne croit qu'à une coïncidence accidentelle de ces deux traits caractéristiques des cultures primitives. Dans ses travaux les plus récents, Frazer a adopté sans réserves ce dernier point de vue.

« Je dois, dit-il, prier le lecteur d'avoir toujours présent à l'esprit le fait que les deux institutions, le totémisme et l'exogamie, sont fondamentalement distinctes par leur origine et par leur nature, bien qu'elles s'entrecroisent et se mélangent accidentellement dans un grand nombre de tribus ». *(Totem. and Exog. I,* Préface, p. xii.)

Il met directement en garde contre le point de vue opposé, dans lequel il voit une source de difficultés et de malentendus. Contrairement à Frazer, d'autres auteurs ont trouvé un moyen qui leur permet de voir dans l'exogamie une conséquence des idées fondamentales du totémisme. Durkheim [28] a montré dans ses travaux que le tabou, qui se rattache au totem, devait nécessairement impliquer la prohibition de rapports sexuels avec une femme appartenant au même totem que l'homme. Le totem ayant le même sang que l'homme, c'est commettre un acte criminel (et cette prohibition semble tenir plus particulièrement compte de la défloration et de la menstruation) que d'avoir des rapports sexuels avec une femme appartenant au même totem [29]. A. Lang qui, sur ce point, se rattache à Durkheim, pense même qu'il n'était pas nécessaire d'invoquer les tabou de sang pour motiver la prohibition des rapports sexuels avec des femmes faisant partie de la même tribu que les hommes [30]. Le tabou totémique général qui défend, par exemple, de s'asseoir à l'ombre de l'arbre totémique, y aurait suffi. Le même auteur préconise d'ailleurs une autre théorie des origines de l'exogamie (voir plus loin), sans nous dire quel rapport il y a entre ses deux explications.

En ce qui concerne la succession dans le temps, la plupart des auteurs pensent que le totémisme est antérieur à l'exogamie [31].

Parmi les théories qui veulent expliquer l'exogamie indépendamment du totémisme, nous ne relèverons que celles qui mettent en lumière les différentes attitudes des auteurs à l'égard du problème de l'inceste.

Mac Lennan [32] a très ingénieusement expliqué l'exogamie par les survivances des coutumes qui semblent révéler l'existence, à une époque plus ancienne, du rapt de femmes. Il avait donc admis qu'aux époques les plus primitives existait l'usage général de se procurer des femmes en les enlevant à des tribus étrangères et que peu à peu le mariage avec des femmes de sa propre tribu devenant de plus en plus exceptionnel avait fini par être frappé d'interdiction [33]. Il cherche la raison de cette coutume de l'exogamie dans la pénurie de femmes dont souffraient ces tribus primitives par suite de l'usage qui y régnait de tuer la plupart des enfants du sexe féminin, dès leur naissance. Nous n'avons pas à nous occuper de savoir si les faits sont de nature à confirmer les hypothèses de Mac Lennan. Ce qui nous intéresse davantage, c'est que, même en admettant ces hypothèses, on n'arrive pas à s'expliquer pourquoi les hommes de la tribu se seraient interdit les mariages avec les quelques femmes de leur propre sang, ni pourquoi l'auteur laisse tout à fait de côté le problème de l'inceste [34].

En opposition avec cette manière de voir et manifestement avec beaucoup plus de raison, d'autres chercheurs ont vu dans l'exogamie une institution destinée à préserver contre l'inceste [35].

Si l'on tient compte de la complication croissante des restrictions matrimoniales existant en Australie, on ne peut que partager l'opinion de Morgan, Baldwin Spencer, Frazer, Howitt [36], d'après laquelle ces mesures porteraient l'empreinte d'une intention consciente, voulue (« deliberate design », d'après Frazer) et auraient réellement atteint le but qu'elles se proposaient. « Il est impossible d'expliquer autrement dans tous ses détails un système à la fois si complexe et si régulier [37]. »

Un fait intéressant à relever est que les premières restrictions consécutives à l'introduction des classes matrimoniales frappaient la liberté sexuelle de la jeune génération, donc l'inceste entre frères et sœurs et entre fils et mères, tandis que l'inceste entre pères et filles n'a été supprimé que par des prohibitions ultérieures.

Mais en attribuant les restrictions sexuelles exogamiques à des intentions législatrices, on n'explique, pas pour quelles raisons ces institutions ont été créées. D'où vient, en dernière analyse, la phobie de l'inceste qui doit être considérée comme la racine même de l'exogamie? Il ne suffit évidemment pas d'expliquer la phobie de l'inceste par une aversion instinctive pour les rapports sexuels entre très proches parents, ce qui équivaut à invoquer le fait même de la phobie de l'inceste, alors que l'expérience nous montre que, malgré cet instinct, l'inceste est loin d'être un phénomène rare, même dans nos sociétés modernes, et alors que l'expérience historique nous enseigne que les mariages incestueux étaient obligatoires pour certaines personnes privilégiées.

Westermarck [38] explique la phobie de l'inceste, en disant que « des personnes de sexe différent, vivant ensemble depuis leur enfance, éprouvent une aversion innée à entrer en rapporte sexuels, et comme il existe généralement entre ces personnes une parenté de sang, ce sentiment trouve dans la coutume et la loi son expression naturelle, qui est celle de l'interdiction de rapports sexuels entre proches parents. » Havellock Ellis, tout en contestant le caractère instinctif de cette aversion, ne s'en rapproche pas moins, dans ses *Studies in the psychology of sex*, de la même manière de voir, lorsqu'il dit : « le fait que l'instinct sexuel ne se manifeste pas normalement entre frères et sœurs ou entre garçons et jeunes filles ayant vécu ensemble depuis leur enfance, ne constitue qu'un phénomène négatif, provenant de ce que, dans les circonstances dont il s'agit, les conditions nécessaires à l'éveil de l'instinct d'accouplement font défaut... Chez des personnes ayant vécu ensemble depuis leur enfance, l'habitude a émoussé toutes les excitations que peuvent provoquer la vue, l'ouïe et le contact, elle a créé entre ces personnes un état d'inclination exempt de désirs et les a rendues incapables de provoquer l'excitation érotique nécessaire à la production de la tumescence génésique ».

Je trouve tout à fait singulier qu'en parlant de l'aversion innée pour des rapports sexuels qu'éprouvent des personnes ayant vécu ensemble depuis leur enfance, Westermarck, voie en nié me temps dans cette tendance une expression psychique du fait biologique que les mariages consanguine sont préjudiciables à l'espèce.

Il est difficile d'admettre qu'un instinct biologique de ce genre se trompe dans sa manifestation psychologique au point de frapper d'interdiction, au lieu des rapports sexuels, nuisibles à l'espèce, entre parents de sang, ceux, tout à fait inoffensifs sous ce rapport, entre membres d'une même maison ou d'une même tribu. Mais je ne puis résister au plaisir de reproduire la critique que Frazer oppose à l'affirmation de Westermarck. Frazer trouve en effet inconcevable qu'il n'existe aujourd'hui aucun préjugé contre les rapports sexuels entre membres d'une même famille, alors que la phobie de l'inceste, qui, d'après, Westermarck, ne serait qu'un effet de ce préjugé, est aujourd'hui plus forte que jamais. Plus profondes encore sont les remarques suivantes de Frazer que je cite ici textuellement, parce qu'elles s'accordent, dans leurs points essentiels, avec les arguments que j'ai développés moi-même dans le chapitre sur le tabou.

« On ne voit pas bien pourquoi un instinct humain profondément enraciné aurait besoin d'être renforcé par une loi. Il n'y a pas de loi ordonnant à l'homme de manger et de boire ou lui défendant de mettre ses mains dans le feu. Les hommes mangent, boivent, tiennent leur mains éloignées du feu instinctivement, par crainte de châtiments naturels, et non légaux, qu'ils s'attireraient en se comportant à l'encontre de leur instinct. La loi ne défend que ce que les hommes seraient capables de faire sous la pression de certains de leurs instincts. Ce que la nature elle-même défend et punit n'a pas besoin d'être défendu et puni parla loi. Aussi pouvons-nous admettre sans hésitation que les crimes défendus par une loi sont véritablement des crimes que beaucoup d'hommes accompliraient facilement par penchant naturel. Si les mauvais penchants n'existaient pas, il n'y aurait pas de crimes; et s'il n'y avait pas de crimes, quel besoin aurait-on de les interdire? C'est ainsi qu'au lieu de conclure de l'interdiction légale de l'inceste qu'il existe pour l'inceste une aversion naturelle, nous devrions plutôt en conclure à l'existence d'un instinct naturel poussant à l'inceste, et que si la loi réprouve cet instinct comme tant d'autres instincts naturels, c'est parce que les hommes civilisés se sont rendu compte que la satisfaction de ces instincts naturels serait nuisible au point de vue social [39] ».

A cette remarquable argumentation de Frazer je puis encore ajouter que les expériences de la psychanalyse prouvent l'impossibilité de l'existence d'une aversion innée pour les rapports incestueux. Elles montrent, au contraire, que les premiers désirs sexuels de l'homme adolescent sont toujours de nature incestueuse et que ces désirs réprimés jouent un rôle très important en tant que causes déterminantes des névroses ultérieures.

Il faut donc abandonner la conception qui voit

dans la phobie de l'inceste un instinct inné. Il n'en est pas autrement d'une autre conception de la prohibition de l'inceste, conception qui compte de nombreux partisans, à savoir qu'ayant constaté de bonne heure les dangers que les mariages consanguins présentent au point de vue de la procréation, les peuples primitifs auraient édicté la prohibition de l'inceste en toute connaissance de cause. Les objections contre cet essai d'explication se pressent nombreuses [40]. En premier lieu, outre que la prohibition de l'inceste doit être de beaucoup antérieure à l'économie basée sur l'emploi d'animaux domestiques et qui seule aurait pu fournir des données sur les effets de la consanguinité sur les qualités de la race, la nature nuisible de ces effets est, même de nos jours, encore loin d'être admise et, en ce qui concerne l'homme, difficile à prouver. En deuxième lieu, tout ce que nous savons sur les sauvages actuels rend peu vraisemblable l'hypothèse, d'après laquelle leurs ancêtres les plus éloignés auraient été préoccupés par le souci de mettre la postérité à l'abri des effets nuisibles des unions consanguines. Il est presque ridicule d'attribuer à ces hommes incapables de toute prévoyance, vivant au jour le jour, des motifs hygiéniques et eugéniques dont on tient à peine compte même dans notre civilisation actuelle [41].

On peut enfin objecter qu'il ne suffit pas d'attribuer la prohibition des unions consanguines à des raisons hygiéniques et purement pratiques, pour expliquer la profonde aversion qui existe contre l'inceste dans nos sociétés modernes. Ainsi que je l'ai montré ailleurs [42], cette phobie de l'inceste est encore plus vive et plus forte chez les peuples primitifs encore existant que chez les peuples civilisés.

Alors qu'on pouvait s'attendre à avoir aussi pour

l'explication de la phobie de l'inceste le choix entre des causes sociologiques, biologiques et psychologiques les facteurs psychologiques n'étant, à leur tour que le mode de manifestation de forces biologiques, on se voit obligé, à la fin de l'analyse, de souscrire à l'aveu résigné de Frazer : nous ignorons l'origine de la phobie de l'inceste et nous ne savons même pas dans quelle direction nous devons la chercher. Aucune des solutions de l'énigme, jusqu'à présent proposées, ne nous paraît satisfaisante [43].

Je dois encore mentionner un dernier essai d'explication de l'origine de l'inceste. Cet essai diffère totalement de ceux dont nous nous sommes occupés jusqu'à présent et pourrait être qualifié d'historique.

Il se rattache à une hypothèse de Charles Darwin sur l'état social primitif de l'humanité. Des habitudes de vie des singes supérieurs, Darwin a conclu que l'homme a, lui aussi, vécu primitivement en petites hordes, à l'intérieur desquelles la jalousie du mâle le plus âgé et le plus fort empêchait la promiscuité sexuelle. « D'après ce que nous savons de la jalousie de tous les mammifères, dont beaucoup sont même armés d'organes spéciaux, destinés à leur faciliter la lutte contre des rivaux, nous pouvons conclure en effet qu'une promiscuité générale des sexes à l'état de nature est un fait extrêmement peu probable... Mais si, remontant le cours du temps assez loin en arrière, nous jugeons les habitudes humaines d'après ce qui existe actuellement, la conclusion paraissant la plus probable est que les hommes ont vécu primitivement en petites sociétés, chaque homme ayant généralement une femme, parfois, s'il était puissant, en possédant plusieurs qu'il défendait jalousement contre tous les autres hommes. Ou bien, sans être un animal social, il n'en a pas moins pu vivre, comme le gorille, avec plusieurs femmes qui n'appartenaient qu'à lui : c'est qu'en effet tous les naturels se ressemblent en ce qu'un seul mâle est visible dans un groupe. Lorsque le jeune mâle a grandi, il entre en lutte avec les autres pour la domination, et c'est le plus fort qui, après avoir tué ou chassé tous ses concurrents, devient le chef de la société. (Dr Savage, dans *Boston Journal of Hist.*, V, 1845-47). Les jeunes mâles, ainsi éliminés et errant d'endroit en endroit, se feront à leur 'tour un devoir, lorsqu'ils auront enfin réussi à trouver une femme, d'empêcher les unions consanguines trop étroites entre membres d'une seule et même famille. [44] »

Atkinson [45] semble avoir été le premier à reconnaître que les conditions que Darwin assigne à la horde primitive ne pouvaient, dans la pratique, que favoriser l'exogamie. Chacun de ces exilés pouvait fonder une horde analogue, à l'intérieur de laquelle la prohibition des relations sexuelles était assurée et maintenue par la jalousie du chef; et c'est ainsi qu'avec le temps ces conditions ont fini par engendrer la règle existant, actuellement à l'état de loi consciente : pas de relations sexuelles entre membres de la même horde. Après l'introduction du totémisme, cette règle s'est transformée en cette autre : pas de relations sexuelles à l'intérieur du totem.

A. Lang [46] s'est rallié à cette explication de l'exogamie. Mais dans le même ouvrage il se montre partisan de l'autre théorie (celle de Durkheim) qui voit dans l'exogamie une conséquence des lois totémiques. Il n'est pas aisé de concilier les deux manières de voir; d'après la première, l'exogamie aurait existé avant le totémisme ; d'après la dernière, elle serait l'effet de celui-ci [47].

1. A propos d'un de ces changements d'opinions, il a écrit les belles paroles que voici : « Je ne suis pas assez naïf pour prétendre que mes conclusions sur ces difficiles questions soient définitives J'ai souvent changé mes opinions et je les changerai aussi souvent que les faits l'exigeront, car, tel un caméléon, le chercheur sincère devrait changer ses couleurs pour s'adapter aux changements de couleurs du sol qu'il foule ». Préface au 1er volume de Totemism *and Exogamy, 1910*.
2. « Étant donné la nature du cas, et comme les origines du totémisme dépassent nos moyens d'examen historique on expérimental, nous nommes obligés d'avoir recours, en ce qui concerne ces questions, à la conjecture ». A. Lang : Secret of the Totem, p. 27. « Nous ne trouvons nulle part un homme absolument primitif et un système totémique en voie de formation, », p. 29.
3. *Au début* d'après des animaux seuls probablement.
4. *The Worship of Animals and Plants,* « Fortnightly Review », 1869-1870. *Primitive Marriage, 1865*. Ces *deux* travaux sont *reproduits* dans Studies *in ancient History, 1816*, 2e édition, *1886*.
5. *The secret of the Totem, 1405,* p. 34.
6. D'après A. Lang, *Secret of the Totem, p. 34*.
7. *Ibid.*
8. D'après. A. Lang.
9. Pikler et Somló, Der *Ursprung des Tolemismus, 1901*. Les auteurs définissent avec raison leur essai d'explication comme une « contribution à la théorie matérialiste de l'histoire ».
10. *The origin* of *animal* worship, « Fortnightly Review », 1870. *Principes de Sociologie, I, §§ 169-176*.
11. *Kamilaroi and Kurmai,* p. 165, 1880 «l'après A. Lang, *Secret of the Totem).*
12. Voir plus haut, le chapitre sur le Tabou.
13. L. c., t. I, p. 41.
14. *Address to the Anthropological Section of the British Association,* Belfast, 1902. D'après Frazer, l. c. t. IV, p. 50 et suivantes.
15. *The native tribes of Central Australia,* by Baldwin Spencer and H. J. Gillen, London, 1891.
16. « Il n'y a dans tout cela rien de vague ou de mystique, rien de ce voile métaphysique dont certains auteurs aiment couvrir te% humbles commencements de la spéculation humaine, mais qui est tout à fait étranger aux habitudes simples, sensuelles et concrètes du sauvage ». (*Totemism and Exogamy, 1, p. 117).*
17. L. c., p. 120.
18. « L'Année sociologique », tomes I, V, VIII, etc. Voir plus particulièrement le chapitre *Sur le totémisme,* t. V, 1901.
19. *Social Origins and* Secret of *the Totem.*

20. *The Golden Bough*, II, p. 332.
21. « Il est peu probable qu'une communauté de sauvages ait *pu* avoir l'idée de partager le royaume de la nature en provinces, d'assigner chaque province à une corporation particulière de magiciens et d'ordonner à toutes les corporations d'exercer leur magie et d'opérer leurs charmes en vue du bien commun ». *Totemism and Exogamy*, IV, p. 57.
22. *Totemism and Exogamy*, II, p. 89 et IV, p. 59.
23. L.c., IV, p. 63.
24. « Cette croyance constitue une philosophie qui est loin d'être primitive ». A. Lang, *Secret* of *the Totem*, p. 192.
25. Frazer, *Totemism and Exogamy*, IV, p. 45 *et suivantes*.
26. Frazer, l. *c.*, *p. 48*.
27. Wundt. *Elemente der Völkerpsychologie, p. 190*.
28. *L'Année sociologique, 1898-1904*.
29. Voir la critique des Idées de Durkheim chez Frazer, Totem. and Exog., IV, p. 101.
30. Secret of the Totem, p. 125.
31. Par exemple, Frazer (l. c., IV, p. 75), « Le clan totémique est un organisme social qui diffère totalement de la classe exogamique, et nous avons de bonnes raisons de croire qu'il est beaucoup plus ancien ».
32. Primitive mariage, 1863.
33. « Impropre, parce qu'inusité ».
34. Frazer, l. c., pp. 73-92.
35. Voir chapitre 1.
36. Morgan, Ancient Society, 1877. - Frazer, Totem. and Exog., IV, p. 105 et suivantes.
37. Frazer, l. c., p. 106.
38. *Ursprung und Entwicklung der Moralbegriffe, II. Die Ehe*, 1909. *Voir dans ce même ouvrage la réfutation par l'auteur des objections qui ont été formulées contre sa manière de voir.*
39. L. c., p. 91.
40. Cf. Durkheim : La *prohibition de l'inceste*, « Année sociologique », I, 1896-1897.
41. Charles Darwin dit des sauvages: « ils sont incapables de prévoir les maux éloignés, susceptibles de frapper leur progéniture ».
42. Voir chapitre 1.
43. « C'est ainsi que l'origine dernière de l'exogamie et, par conséquent, de la toi de l'inceste (puisque l'exogamie a été instituée en vue de prévenir l'inceste) reste un problème aussi obscur que jamais ». Totem. *and* Exog., I, p. 165).
44. Abstammung der *Menschen, traduction* allemande d'A. Carus, II, chap. 20, p. 341.
45. Primal Law, London 1903 (chez A. Lang : Social Origins).
46. Secret of the Totem, pp. 114, 143.

47. « S'il est vrai que l'exogamie, à en croire la théorie darwinienne, existait en fait, avant que les croyances totémiques aient introduit dans la pratique une sanction *légale, notre* tâche est relativement aisée. La première règle pratique serait alors celle du Maître jaloux : « Aucun mâle ne doit toucher aux femelles de mon camp », renforcée par L'expulsion des adolescents. Avec la temps, cette règle, *devenue habituelle, aurait* pris la forme suivante : « Pas de mariage à l'intérieur du groupe local ». Supposez ensuite que les groupes locaux reçoivent des noms d'animaux; la règle devient alors : a Pas de mariages à l'intérieur du groupe portant un nom d'animal; pas de mariage entre bécasse et bécassine ». Niais si les groupes primitifs n'étaient pas exogamiques, ils ont dû le devenir dès que les noms d'animaux, de végétaux, etc., adoptés par les groupes locaux, ont donné naissance aux mythes et aux tabou totémiques » (Secret *of* the Totem, p. 143). Les quelques mots soulignés dans cette citation l'ont été par moi). - Dans son dernier travail sur le même sujet (Folklore, décembre 1911), Lang nous informe d'ailleurs qu'il a renoncé à voir dans l'exogamie un effet du tabou « totémique général ».

LE RETOUR INFANTILE DU TOTÉMISME - III

Dans cette obscurité l'expérience psychanalytique ne projette qu'un seul et unique rayon de lumière.

L'attitude de l'enfant à l'égard des animaux présente de nombreuses analogies avec celle du primitif. L'enfant n'éprouve encore rien de cet orgueil propre à l'adulte civilisé qui trace une ligne de démarcation nette entre lui et tous les autres représentants du règne animal. Il considère sans hésitation l'animal comme son égal; par l'aveu franc et sincère de ses besoins, il se sent plus proche de l'animal que de l'homme adulte qu'il trouve sans doute plus énigmatique.

Dans cet accord parfait qui existe entre l'enfant et l'animal, on voit parfois survenir un trouble singulier. L'enfant commence tout-à-coup à avoir peur de certains animaux et à fuir le contact et même l'aspect de tous les représentants d'une espèce donnée. On voit alors se reproduire le tableau clinique de la *zoophobie*, une des affections psycho-névrosiques les plus fréquente@ à cet âge et, peut-être, la forme précoce d'une affection de ce genre. La phobie porte en général sur des animaux pour lesquels l'enfant avait témoigné jusqu'alors le plus vif intérêt et elle ne présente aucun rapport avec tel ou tel animal particulier. Le choix des animaux susceptibles de devenir objets de phobies n'est pas très grand dans les villes. Ce sont des chevaux, des chiens, des chats, plus rarement des oiseaux, bien souvent de très petites bêtes comme les scarabées et les papillons. Quelquefois ce sont des animaux que l'enfant ne connaît que par ses livres d'images ou par les contes qu'ils a entendus; ils deviennent l'objet de l'angoisse irraisonnée et démesurée qui accompagne ces phobies. On réussit rarement à découvrir l'accident ou l'évènement qui a déterminé cet extraordinaire choix de l'animal, objet de la phobie. Je dois à K. Abraham la communication d'un cas où l'enfant a expliqué lui-même sa peur des guêpes, en disant que la couleur et les rayures du corps de la guêpe le faisaient penser au tigre qui, d'après ce qu'il avait entendu raconter, était un animal dont il fallait avoir peur.

Les zoophobies des enfants n'ont pas encore fait l'objet d'un examen analytique attentif, bien qu'elles le méritent au plus haut point. Cela s'explique certainement par les difficultés que présente l'analyse d'enfants très jeunes. Aussi ne saurait-on affirmer qu'on connaît le sens général de ces affections, et je pense même qu'il ne peut s'agir d'une signification unique. Quelques cas cependant de ces phobies ayant pour objets de grands animaux se sont montrés accessibles à l'analyse et ont révélé au chercheur leur mystère. Dans tous ces cas il s'est agi de la même chose : lorsque les enfants examinés étaient des garçons, leur angoisse leur était inspirée par le père et a seulement été déplacée sur l'animal.

Tous ceux qui sont plus ou moins familiarisés avec la psychanalyse ont certainement vu des cas de ce genre et recueilli la même impression. Cependant les publications détaillées sur ce sujet ne sont guère nombreuses. C'est là un accident littéraire dont on aurait tort de conclure que notre affirmation ne s'appuie que sur des observations isolées Je citerai, par exemple, un auteur qui s'est, d'une manière intelligente, occupé des névroses de ses enfants. Cet homme, le Dr Wulff (d'Odessa) raconte, à propos de la description clinique d'une. névrose d'un garçon âgé de 9 ans, que ce jeune malade souffrait depuis 4 ans d'une phobie des chiens. « Lorsqu'il voyait, dans la rue, un chien courir au-devant de lui, il se mettait à pleurer et à crier : « Mignon petit chien, ne m'emporte pas, je serai gentil ». Par *être gentil* il entendait *ne plus jamais jouer du* violon (c'est-à-dire *ne plus se masturber*) » [1]

Le même auteur résume ensuite son cas comme suit: « Sa phobie des chiens n'est au fond que la crainte du père qui s'est déplacée sur le chien, car la bizarre exclamation : « chien, je serai gentil » (c'est-à-dire « je ne me masturberai pas ») s'adresse à proprement parler au père qui a défendu cette masturbation ». L'auteur ajoute dans une note ceci, qui s'accorde si bien avec mes propres observations et témoigne en même temps du grand nombre de ces cas : « Je crois que ces phobies (phobies des chevaux, des chiens, des chats, des poules et d'autres animaux domestiques) sont au moins aussi fréquentes chez l'enfant que les terreurs nocturnes et se révèlent toujours à l'analyse comme procédant d'un déplacement sur un animal de la peur éprouvée devant l'un ou l'autre des parents. La phobie si répandue des souris et des rats serait-elle produite, par le même mécanisme? C'est ce que je ne saurais affirmer ».

Dans le premier volume de *Jahrbuch für psychoanalytische und psychopathologische Forschangen*, j'ai publié l' « analyse d'une phobie d'un garçon de 5 ans », dont l'observation m'a été obligeamment communiquée par le père. Il s'agissait d'une peur des chevaux telle que l'enfant hésitait à se montrer dans la rue. Il craignait de voir le cheval entrer dans sa chambre pour le mordre. On trouva plus tard qu'il y voyait une punition pour la chute (la mort) qu'il souhaitait au cheval. Lorsqu'on eut apaisé la crainte que l'enfant éprouvait devant le père, on s'aperçut qu'il avait lutté contre le désir ayant pour objet l'absence (le départ, la mort) du père. Ainsi qu'il le fit nettement comprendre, il voyait dans le père un concurrent lui disputant les faveurs de la mère vers laquelle étaient vaguement dirigées ses premières impulsions sexuelles. Il se trouvait, par conséquent, dans la situation typique de l'enfant mâle, situation que nous désignons sous le nom d'*Œdipecomplexe* et dans laquelle nous voyons le complexe central des névroses en général. Le fait nouveau que nous a révélé l'analyse du petit flans est très intéressant au point de vue de l'explication du totémisme : l'enfant a notamment déplacé sur un animal une partie des sentiments qu'il éprouvait pour le père.

L'analyse a permis de découvrir les trajets d'association, soit importants au point de vue du contenu, soit accidentels, suivant lesquels s'est effectué ce déplacement. La haine née de la rivalité avec le père n'a pas pu se développer librement dans la vie psychique de l'enfant, parce qu'elle était neutralisée par la tendresse et l'admiration qu'il avait toujours éprouvées pour la même personne; il en résulta pour l'enfant une attitude équivoque, *ambivalente, à* l'égard du père, une lutte à laquelle il a échappé en déplaçant ses sentiments d'hostilité et de crainte sur un objet de substitution. Toutefois ce déplacement est impuissant à résoudre le conflit, en opérant une séparation nette entre les sentiments tendres et les sentiments hostiles. Le conflit se poursuit après le déplacement, et l'attitude ambivalente persiste, mais cette fois *à* l'égard de l'objet de substitution. Il est certain que le petit Hans ne craint pas seulement les chevaux, mais est plein aussi pour eux de respect et leur porte le plus vif intérêt. Dès que sa crainte s'est apaisée, il s'est identifié lui-même avec l'animal redouté, en se mettant à sauter comme un cheval et à mordre lui-même son père [2]. Dans une autre phase de relâchement de la phobie, il identifie volontiers ses parents avec d'autres grands animaux [3].

On ne peut s'empêcher de reconnaître dans ces zoophobies des enfants certains traits du totémisme sous son aspect négatif. Nous devons cependant à M. Ferenczi la rare et belle observation d'un cas qu'on peut. considérer comme une manifestation du totémisme positif chez un enfant [4]. Chez le petit Arpád, dont M. Ferenczi nous conte l'histoire, les tendances totémistes s'éveillent, non en rapport direct avec *l'Oedipe-complexe*, mais indirectement, en rapport avec l'élément narcissique de ce complexe, avec la phobie de la castration. Mais en lisant attentivement l'histoire précédente, celle du petit Hans, on y trouve également de nombreux témoignages de l'admiration que l'enfant éprouvait pour le père, à cause du volume de son appareil génital et parce qu'il voyait en lui une menace pour ses propres organes génitaux. Dans *l'Oedipe-complexe* et dans le « complexe » de la castration, le père joue le même rôle, celui de l'adversaire redouté des intérêts sexuels infantiles. La castration ou l'arrachement des yeux, tels sont les châtiments dont il le menace [5].

Lorsque le petit Arpád, âgé de deux, ans et demi, voulut, un jour qu'il était à la campagne, uriner dans le poulailler, il eut la verge mordue ou happée par une poule. Étant retourné, l'année d'après, dans le même endroit, il s'imagina être lui-même une poule, ne s'intéressa qu'au poulailler et à tout ce qui s'y passait et échangea son langage humain contre le piaillement et le glapissement de la basse-cour. A l'époque à laquelle se rapporte l'observation (il avait alors cinq ans), il avait retrouvé son langage, mais ne parlait que de poules et autres volailles. Il ne connaissait aucun autre jouet et ne chantait que des chansons où il était question de volatiles. Son attitude à l'égard de son animal totem était nettement ambivalente : haine et amour démesurés. Son jeu préféré était le combat de Poules.

« C'était pour lui une joie et une fête d'assister aux combats que se livraient les volatiles. il était capable de danser pendant des heures autour des cadavres de poules, en proie à une grande excitation ». Puis il se mettait à embrasser et à caresser l'animal tué, à nettoyer et à couvrir de baisers les images de poules qu'il avait lui-même maltraitées auparavant.

Le petit Arpád prenait lui-même soin de ne laisser aucun doute sur le sens de sa bizarre attitude. A l'occasion, il savait transposer ses désirs, en remplaçant leur mode d'expression totémique parle mode d'expression emprunté au langage vulgaire. « Mon père est le coq », disait-il un jour. « A présent je suis petit, je suis un poussin. Mais quand je serai plus grand, je serai une poule, et, plus grand encore, je serai un coq ». Une autre fois, il voulait tout à coup manger de la « mère confite » (par analogie avec du poulet confit). Il menaçait très volontiers et très nettement les autres de castration, ayant lui-même éprouvé des menaces de ce genre par suite des pratiques onaniques auxquelles il soumettait sa verge.

Quant à la cause de l'intérêt qu'il éprouvait pour tout ce qui se passait dans la basse-cour, elle ne fait pas l'objet du moindre doute pour M. Ferenczi : « Les rapports sexuels animés entre le coq et la poule, la ponte des œufs et la sortie du petit poussin » satisfaisaient sa curiosité sexuelle qui, à proprement parler, était tournée vers ce qui se passait dans la famille humaine. C'est en concevant les objets de ses désirs d'après ce qu'il avait vu dans la basse-cour qu'il dit un jour à une voisine « Je vous épouserai, vous et votre sœur et mes trois cousines et la cuisinière... non, plutôt ma trière à la place de la cuisinière ».

Nous compléterons plus loin les conclusions que suggère cette observation. Contentons-nous ici de relever deux traits de ressemblance entre notre cas et le totémisme : l'identification complète avec l'animal totémique [6] et l'attitude ambivalente à son égard. Nous basant sur ces observations, nous nous croyons autorisés à introduire dans la formule du totémisme (pour autant qu'il s'agit de l'homme) le père à la place de l'animal totémique. Mais cette substitution opérée, nous nous apercevons que nous n'avons guère avancé et, surtout, que nous n'avons pas fait un pas bien hardi. Ce que nous croyons avoir trouvé, les primitifs nous le disent eux-mêmes, et partout où le système totémiste est encore en vigueur, le totem est désigné comme un ancêtre. Tout ce que nous avons fait, c'est d'attribuer un sens littéral à cette désignation dont les ethnologistes ne savaient que faire et qu'ils ont, pour cette raison, refoulée à l'arrière-plan. La psychanalyse nous engage, au contraire, à relever ce point et à y rattacher un essai d'explication du totémisme [7].

Le premier résultat de notre substitution est très intéressant. Si l'animal totémique n'est autre que le père, nous obtenons en effet ceci : les deux commandements capitaux du totémisme, les deux prescriptions tabou qui en forment comme le noyau, à savoir la prohibition de tuer le totem et celle d'épouser une femme appartenant au même totem, coïncident, quant à leur, contenu, avec les deux crimes d'Oedipe, qui a tué son père et épousé sa mère, et avec les deux désirs primitifs de l'enfant dont le refoulement insuffisant ou le réveil forment peut-être le noyau de toutes les névroses. Si cette ressemblance n'est pas un simple jeu du hasard, elle doit nous permettre d'expliquer la naissance du totémisme aux époques les plus reculées. En d'autres termes, nous devons réussir à rendre vraisemblable le fait que le système totémique est né des conditions de *l'Oedipe-complexe*, tout comme la zoophobie, du « petit Hans » et la perversion du « petit Arpád ». Pour établir cette vraisemblance, nous allons, dans les pages suivantes, étudier une particularité non encore mentionnée du système totémique ou, pourrions-nous dire, de la religion totémique.

---

1. M. Wulff : *Beiträge zur infantilen Sexualität.* « *Zentralblatt* für *Psychoanalyse* », 1912, II, No 1, p. 15 et suivantes.
2. Loc. cit., p. 37.
3. *Die Giraffenphantasie*, p. 24.
4. S. Ferenczi : *Ein kleiner Hahnemann*, Internat. Zeitschr. f. ärztliche Psychoanal, II. 1913, I, No 3.
5. Sur la substitution de l'arrachement des yeux à la castration, dont Il est question également dans le mythe relatif à Oedipe, voir les communications de Reitler, Ferenczi, Rank et Eder dans *Internat. Zeifschr. f. ärztliche Psychoanal*, 1913, I, N. 2.
6. Je dois à M. O. Rank la *communication d'un* cas de phobie de chiens chez un jeune homme intelligent, dont l'explication du

mode de production de sa maladie rappelle nettement la théorie totémique des Arunta, mentionnée plus haut (p. 159). il croyait avoir appris par son père que sa mère avait été effrayée par un chien, pendant qu'elle le portait.
7. Cette identification constitue, d'après Frazer, l'essence même du totémisme : « Le totémisme est une identification de l'homme avec son totem ». *Totem and Exog.,.* IV. p. 5.

LE RETOUR INFANTILE DU TOTÉMISME - IV

Physicien, philologue, exégète biblique et archéologue, esprit aussi universel que clairvoyant et libre de préjugés, W. Robertson Smith [1], mort en 1894, a émis, dans son ouvrage sur la religion des Sémites, paru en 1889, l'opinion qu'une cérémonie singulière, le repas dit totémique, faisait dès le début partie intégrante du système totémique. Il ne disposait, à l'appui de sa supposition, que d'une seule description d'un acte de ce genre, datant du Ve siècle de notre ère, mais il a su lui imprimer un grand degré de vraisemblance, grâce à l'analyse du sacrifice chez les Sémites anciens. Comme le sacrifice suppose une personne divine, il s'agissait d'une inférence ayant pour point de départ une phase supérieure du culte religieux et pour aboutissement la phase la plus primitive du totémisme.

Je vais essayer de citer, de l'excellent livre de Robertson Smith, les, passages les plus intéressants, relatifs à l'origine et à la signification du rite du sacrifice, en négligeant les détails souvent pleins d'attrait et le développement ultérieur de ce rite. Je préviens le lecteur qu'il ne doit pas s'attendre à trouver dans mon extrait la lucidité et la force de démonstration de l'exposé original.

Robertson Smith montre que le sacrifice sur l'autel constituait la partie essentielle du rituel des religions anciennes. Il jouait le même rôle dans toutes les religions. de sorte qu'on peut expliquer son existence par des causes très générales et exerçant partout la même action.

Le sacrifice, l'acte sacré par excellence (sacrificium mot en grec dans le texte), n'avait cependant pas au début la même signification que celle qu'il a acquise aux époques ultérieures : une offre faite à la divinité, dans le but de se la concilier ou de se la rendre favorable. (L'emploi profane du mot est fondé sur son sens secondaire, qui est celui de désintéressement, de dévouement, d'oubli de soi-même). Tout porte à croire que le sacrifice n'était primitivement pas autre chose qu'un « acte de camaraderie (fellowship) sociale entre la divinité et ses adorateurs », de communion entre les fidèles et leur dieu.

On offrait en sacrifice des choses qui se mangent et se boivent; l'homme sacrifiait à son dieu ce dont il se nourrissait lui-même : viande, céréales, fruits, vins, huile. Il n'y avait de restrictions et d'exceptions qu'en ce qui concernait la viande du sacrifice. Les animaux offerts en sacrifice étaient consommés à la fois par le dieu et par ses adorateurs; seuls les sacrifices végétaux étaient réservés au dieu sans partage. Il est certain que les sacrifices d'animaux sont les plus anciens et ont jadis existé seuls. L'offre de végétaux a eu pour source l'offre de primeurs de tous les fruits et représentait un tribut payé au maître du sol et du pays.

Mais les sacrifices d'animaux sont plus anciens que l'agriculture.

Des survivances linguistiques prouvent d'une façon certaine que la part du sacrifice destinée au dieu était considérée au début comme sa nourriture réelle. Avec la dématérialisation progressive de la nature divine cette représentation est devenue choquante; on crut y échapper, en n'assignant à la divinité que la partie liquide du repas, L'usage du feu a rendu possible plus tard une certaine préparation des aliments humains, qui leur donnait une forme, un goût et un aspect plus dignes de l'essence divine. A titre de breuvage, on offrait au début le sang des animaux sacrifiés, remplacé plus tard par le vin. Le vin était considéré par les anciens comme le « sang de la vigne » : c'est le nom que lui donnent encore les poètes de nos jours

La forme la plus ancienne du sacrifice, antérieure à l'agriculture et a l'usage du feu, est donc représentée par le sacrifice animal dont la chair et le sang étaient goûtés en commun par le dieu et ses adorateurs. Il importait beaucoup que chaque participant reçût sa part du repas, déterminée et réglée d'avance.

Ce sacrifice était une cérémonie officielle, une fête célébrée par le clan tout entier. D'une façon générale, la religion était la chose de tous, le devoir religieux une, obligation sociale. Sacrifices et fêtes coïncidaient chez tous les peuples, chaque sacrifice comportait une fête, et il n'y avait pas de fête sans sacrifice. Le sacrifice-fête était une occasion de s'élever joyeusement au-dessus des intérêts égoïstes de chacun, de faire ressortir les liens qui rattachaient chaque membre de la communauté à la divinité.

La force morale du repas de sacrifice publie reposait sur des représentations très anciennes concernant la signification de l'acte de manger et de boire en commun. Manger et boire avec un autre était à la fois un symbole et un moyen de renforcer la communauté sociale et de contracter des obligations réciproques; le repas de sacrifice exprimait directement le fait de la *commensalité du* dieu et de ses adorateurs, et cette commensalité impliquait tous les autres rapports qu'on supposait exister entre celui-là et ceux-ci. Des coutumes encore aujourd'hui en vigueur chez les Arabes du désert montrent que le repas en commun formait un lien, non en tant que représentation symbolique d'un facteur religieux, mais directement, en tant qu'acte de manger. Quiconque a partagé avec un Bédouin le moindre morceau ou bu une gorgée de son lait, n'a plus à craindre son inimitié, mais peut toujours être assuré de son aide et de sa protection, du moins aussi longtemps que la nourriture prise en commun demeure, d'après ce qu'on suppose, dans le corps. Le lien de la communauté est donc conçu d'une manière purement réaliste; pour que ce lien soit renforcé et qu'il dure, il faut que l'acte soit souvent répété.

Mais d'où vient cette force, ce pouvoir de lier qu'on attribue à l'acte de manger et de boire en commun ? Dans les sociétés les plus primitives, il n'existe qu'un seul lien qui lie sans conditions et sans exceptions : c'est la communauté de clan *(Kinship)*. Les membres de cette communauté sont solidaires les uns des autres; un Kin est un groupe de personnes dont la vie forme une unité physique telle qu'on peut considérer chacune d'elles comme un fragment d'une vie commune. Lorsqu'un membre du *Kin* est tué, on ne dit pas : «le sang de tel ou tel a été versé », mais on dit : « notre sang a été versé ». La phrase hébraïque, par laquelle est reconnue la parenté tribale dit : « tu es l'os de mes os et la chair de ma chair ». *Kinship* signifie donc : faire partie d'une substance commune. Aussi la *Kinship* n'est-elle pas seulement fondée sur le seul fait d'être une partie, de la substance de la mère dont on est né et du lait de laquelle on s'est nourri, mais aussi sur cet autre fait que la nourriture qu'on absorbe ultérieurement et par laquelle on entretient et renouvelle son corps est de nature à conférer et à renforcer la *Kinship*. En partageant un repas avec son dieu, on exprime par là-même la conviction qu'on est fait de la même substance que lui, et on ne partage jamais de repas avec celui qu'on considère comme un étranger.

Le repas de sacrifice était donc primitivement un repas solennel réunissant les membres du clan ou de la tribu, conformément à la loi que seuls les membres du clan pouvaient manger en commun. Dans nos sociétés modernes, le repas réunit les membres de la famille, mais cela n'a rien à voir avec le repas de sacrifice. *Kin*ship est une institution plus ancienne que la vie de famille; les plus anciennes familles que nous connaissions se composent régulièrement de personnes appartenant à différentes associations de parentage. Les hommes épousent des femmes appartenant à d'autres clans ; les enfants suivent le clan de la mère; il n'existe aucune parenté tribale entre l'homme et les autres membres de la famille. Dans une famille pareille il n'y a pas de repas commun. Les sauvages mangent encore aujourd'hui séparément et les prohibitions religieuses du totémisme, relatives aux aliments, les mettent souvent dans l'impossibilité de manger en commun avec leurs enfants.

Revenons maintenant à l'animal de sacrifice. Nous savons déjà qu'il n'y avait pas de réunion de la tribu sans sacrifice d'un animal, mais aussi (et le fait est significatif) un animal ne pouvait être tué qu'à l'occasion d'un de ces événements solennels. On se nourrissait de fruits, de gibier, de lait d'animaux domestiques, mais des scrupules religieux défendaient à chacun de tuer un animal domestique pour sa consommation personnelle. Il est hors de doute, dit Robertson Smith, que chaque sacrifice était primitivement un sacrifice collectif du clan et que la mise à mort de la victime était un acte *défendu à l'individu et qui n'était justifié que lorsque la tribu en assumait la responsabilité.* Il n'existe chez les primitifs qu'une seule catégorie d'actions auxquelles s'applique cette caractéristique : ce sont les actions qui portent atteinte au caractère sacré du sang commun à la tribu. Une vie que nul individu ne peut supprimer et qui ne peut être sacrifiée qu'avec le consentement, la participation de tous les membres du clan, occupe le même rang que la vie des membres du clan eux-mêmes. La règle, qui ordonne à chaque convive qui assiste au repas du sacrifice de goûter de la viande de l'animal sacrifié, a la même signification que la prescription d'après laquelle un membre de la tribu ayant commis une faute doit être exécuté par la tribu entière. En d'autres termes, l'animal sacrifié était traité comme un membre de la tribu; *la communauté offrant le sacrifice, son dieu et l'animal étaient du même sang,* membres d'un seul et même clan.

S'appuyant sur de nombreuses données, Robertson Smith identifie l'animal sacrifié avec l'ancien animal totémique. Il y avait dans l'antiquité deux sortes de sacrifices: les sacrifices d'animaux domestiques qui étaient généralement mangés, et les sacrifices extraordinaires d'animaux qui étaient interdits comme impurs. Un examen plus approfondi révèle que ces animaux impurs étaient des animaux sacrés, qu'ils étaient sacrifiés aux dieux pour lesquels ils étaient sacrés, qu'ils étaient primitivement identiques aux dieux eux-mêmes et qu'en offrant le sacrifice les fidèles faisaient en quelque sorte ressortir la parenté de sang qui les rattachait à l'animal et au dieu. A une époque plus ancienne, cette différence entre sacrifices ordinaires et sacrifices « mythiques » n'existe pas encore. Tous les animaux sont alors sacrés: l'usage de leur chair est défendu, sauf dans les occasions solennelles et avec la participation de toute la tribu. La mise à mort de l'animal est assimilée à un meurtre, comme s'il portait sur un membre de la tribu, et ce meurtre ne doit être effectué qu'en observant les mêmes précautions et les mêmes garanties contre tout reproche possible.

La domestication des animaux et l'introduction de l'élevage semblent avoir signifié partout la fin du totémisme pur et strict des temps primitifs [2]. Mais les traces du caractère sacré des animaux domestiques qu'on retrouve dans ces religions « pastorales » suffisent à faire reconnaître dans ces animaux les anciens totem. Encore à l'époque classique assez avancée, le rite prescrivait au sacrificateur, dans certains endroits, de prendre la fuite une fois le sacrifice accompli, comme s'il avait à se soustraire à un châtiment. En Grèce, l'idée devait être autrefois généralement répandue que la mise à mort d'un bœuf était un véritable crime.

Aux fêtes athéniennes de Bouphonies, le sacrifice était suivi d'un véritable procès, avec interrogatoire de tous les participants. On se mettait finalement d'accord pour rejeter la faute sur le couteau qu'on jetait à la mer.

Malgré la crainte qui protégeait la vie de l'animal sacré, comme s'il était un membre de la tribu, la nécessité s'imposait de temps à autre de le sacrifier solennellement en présence de toute la communauté et de distribuer sa chair et son sang aux membres de la tribu.

Le motif qui dictait ces actes nous livre le sens le plus profond du sacrifice. Nous savons que plus tard tout repas pris en commun, toute participation à la même substance ayant pénétré dans le corps, créaient entre les commensaux un lien sacré, mais aux époques plus anciennes cette signification n'était attribuée qu'à la consommation en commun de la chair de l'animal sacré. *Le mystère sacré (le la mort de l'animal se justifie par le fait que c'est ainsi seulement que peut s'établir le lien unissant les participants entre eux et à leur dieu* [3].

Ce lien n'est autre que la vie même de l'animal sacrifié, cette vie résidant dans sa chair et dans son sang et se communiquant au cours du repas de sacrifice à tous ceux qui y prennent part. Cette représentation forme la base de tous les *liens de sang* que les hommes contractent les uns envers les autres, même à des époques assez récentes. La conception éminemment réaliste, qui voit dans la communauté de sang une identité de substance, laisse comprendre pourquoi on jugeait de temps à autre nécessaire de renouveler cette identité par le procédé purement physique du repas de sacrifice.

Arrêtons ici le raisonnement de Robertson Smith, pour en résumer aussi brièvement que possible la substance et le noyau. Avec la naissance de l'idée de propriété privée, le sacrifice fat conçu comme un don fait à la divinité, comme la remise à celle-ci d'une chose appartenant en propriété à l'homme. Mais cette interprétation laissait sans explication toutes les particularités du rituel du sacrifice. Aux époques très anciennes, l'animal de sacrifice était sacré, sa vie était intangible et ne pouvait être supprimée qu'avec la participation et sous la commune responsabilité de toute la tribu, en présence du dieu, afin que s'assimilant sa substance sacrée, les membres du clan raffermissent l'identité matérielle qui, croyaient-ils, les reliait les uns aux autres et à la divinité. Le sacrifice était un sacrement, l'animal du sacrifice un membre du clan. C'était en réalité parla mise à mort et par l'absorption de l'ancien animal totémique, du dieu primitif lui-même, que les membres du clan entretenaient et renforçaient leur communion intime avec la divinité, afin de jours semblables à celle-ci.

De cette analyse du sacrifice, Robertson Smith tira la conclusion que la mise à mort et l'absorption périodiques du totem aux époques ayant précédé le culte de divinités anthropomorphiques formaient un élément très important de la religion totémique. Le cérémonial d'un repas totémique de ce genre se trouve, pense-t-il, dans la description d'un sacrifice datant d'une époque postérieure. Saint Nilus parle d'une coutume de sacrifice des Bédouins dans le désert de Sinaï, vers la fin du IVe siècle après Jésus-Christ. La victime, un chameau, était étendue, liée, sur un grossier autel fait (le pierres; le chef de la tribu faisait faire aux assistants trois fois le tour de l'autel en chantant, après quoi il portait à l'animal la première blessure et buvait avec avidité le sang qui en jaillissait ; ensuite, toute la tribu se jetait sur l'animal, chacun enlevait avec épée un morceau de la chair encore palpitante et l'avalait tel quel et si rapidement que dans le bref intervalle qui s'écoulait entre le lever de l'étoile du matin, à laquelle ce sacrifice était offert, et le pâlissement de l'astre devant la lumière du soleil, tout l'animal de sacrifice était détruit, de sorte qu'il n'en restait ni chair, ni peau, ni os, ni entrailles. Ce rite barbare, remontant selon toute probabilité à une époque très ancienne, n'était certainement pas unique, d'après les témoignages que nous possédons, mais peut être considéré comme la forme primitive générale du sacrifice totémique qui a peu à peu subi avec le temps diverses atténuations.

Beaucoup d'auteurs ont hésité à attacher une importance quelconque à la conception du repas totémique, parce qu'elle ne se trouvait pas confirmée par les observations faites sur des peuples en pleine phase totémique. Robertson Smith a lui-même cité les exemples où la signification sacramentelle du sacrifice paraît hors de cause, comme, par exemple, dans les sacrifices humains des Aztèques et dans d'autres qui rappellent les conditions du repas totémique, comme, par exemple, les sacrifices d'ours chez la tribu des ours des Ouataouks d'Amérique ou les fêtes d'ours chez les Aïnos du Japon. Frazer a rapporté en détail ces cas et d'autres analogues dans les deux parties dernièrement parues de son grand ouvrage [4]. Une tribu indienne de la Californie, qui adore un grand oiseau de proie (la buse), tue tous les ans, au cours d'une solennelle cérémonie, un individu de cette espèce, après quoi l'oiseau tué est pleuré, tandis que sa peau et ses plumes sont conservées. Les Indiens Zuni, du Nouveau-Mexique, procèdent de même à l'égard de leur tortue sacrée.

On a observé dans les cérémonies Intichiuma des tribus de l'Australie Centrale une particularité qui vient fort à l'appui des hypothèses de Robertson Smith. Chaque tribu qui a recours à des procédés magiques pour assurer la multiplication de son totem dont elle n'a cependant pas le droit de goûter toute seule, est tenue, au cours de la cérémonie, d'absorber un morceau du totem, avant que les autres tribus puissent y toucher. Le plus bel exemple d'ingestion sacramentelle d'un totem, prohibé en temps ordinaire, nous est fourni, d'après Frazer, par les Béni de l'Afrique Occidentale et se rattache au cérémonial d'inhumation existant chez ces tribus [5].

Nous adhérons cependant à l'opinion de Robertson Smith, d'après laquelle la mise à mort sacramentelle et la consommation en commun de l'animal totémique, prohibées en temps normal, doivent être considérées comme des caractères très significatifs de la religion totémique [6].

---

1. W. Robertson Smith : The *religion of the Semites,* seconde édition, London, 1907.
2. « La conclusion est que la domestication à laquelle le totémisme aboutit invariablement (lorsqu'il y a (les animaux se prêtant à la domestication) est fatale au totémisme ». Jevons : An *introduction to the History of Religion,* 5th édit., 1911, p. 120.
3. Loc. cit., p. 113.
4. *The Golden Bough* Part. V : Spirits *of the Corn and of the Wild, 1912,* sous les rubriques : *Eating the God and killing the divine animal.*
5. Frazer : T*otemism and Exogamy, 1, p. 590.*
6. Les objections élevées par plusieurs auteurs (Marillier, Hubert et Mauss et autres) contre cette théorie du sacrifice ne me sont pas inconnues, mais ne sont pas de nature à modifier en quoi que ce soit mon attitude à l'égard des idées de Robertson Smith.

LE RETOUR INFANTILE DU TOTÉMISME - V

Représentons-nous maintenant la scène d'un repas totémique, en y ajoutant quelques traits vraisemblables dont nous n'avons pu tenir compte précédemment. Dans une occasion solennelle, le clan tue cruellement son animal totémique et le consomme tout cru - sang, chair, os; les membres du clan sont vêtus de façon à ressembler au totem dont ils imitent les sons et les mouvements, comme s'ils voulaient faire ressortir leur identité avec lui. On sait qu'on accomplit une action qui est interdite à chacun individuellement, mais qui est justifiée dès l'instant où tous y prennent part; personne n'a d'ailleurs le droit de s'y soustraire. L'action accomplie, l'animal tué est pleuré et regretté. Les plaintes que provoque cette mort sont dictées et imposées par la crainte d'un châtiment qui menace et ont surtout pour but, selon la remarque de Robertson Smith relative à une occasion analogue, de soustraire le clan à la responsabilité du meurtre accompli [1].

Mais ce deuil est suivi de la plus bruyante joie de

fête, avec déchaînement de tous les instincts et acceptation de toutes les satisfactions. Et ici nous entrevoyons sans peine la nature, l'essence même de la *fête*.

Une fête est un excès permis, voire ordonné, une violation solennelle d'une prohibition. Ce n'est pas parce qu'ils se trouvent, en vertu d'une prescription, joyeusement disposés que les hommes commettent des excès : l'excès fait partie de la nature même de la fête; la disposition joyeuse est produite par la permission accordée de faire ce qui est défendit en temps normal.

Mais que signifie le deuil qu'on éprouve à la suite de la mort de l'animal totémique et qui sert d'introduction à cette fête joyeuse? Si l'on se réjouit du meurtre du totem, qui est un acte ordinairement prohibé, pourquoi le pleure-t-on également?

Nous savons que les membres du clan se sanctifient par l'absorption du totem et renforcent ainsi l'identité qui existe entre eux et leur identité avec lui. La disposition joyeuse et tout ce qui la suit pourraient s'expliquer par le fait que les hommes ont absorbé la vie sacrée dont la substance du totem était l'incarnation ou, plutôt, le véhicule.

La psychanalyse nous a révélé que l'animal totémique servait en réalité de substitution au père, et ceci nous explique la contradiction que nous avons signalée plus haut : d'une part, la défense de tuer l'animal; d'autre part, la fête qui suit sa mort, fête précédée d'une explosion de tristesse. L'attitude affective ambivalente qui, aujourd'hui encore, caractérise le complexe paternel chez nos enfants et se prolonge quelquefois jusque dans la vie adulte, s'étendrait également à l'animal totémique qui sert de substitution au père.

En confrontant la conception du totem, suggérée

par la psychanalyse, avec le fait du repas totémique et avec l'hypothèse darwinienne concernant l'état primitif de la société humaine, on obtient la possibilité d'une compréhension plus profonde et on entrevoit la perspective d'une hypothèse qui peut paraître fantaisiste, mais présente l'avantage de réaliser, entre des séries de phénomènes isolées et séparées, une unité jusqu'alors insoupçonnée.

Il va sans dire que la théorie darwinienne n'accorde pas la moindre place aux débuts du totémisme. Un père violent, jaloux, gardant pour lui toutes les femelles et chassant ses fils, à mesure qu'ils grandissent : voilà tout ce qu'elle suppose. Cet -état primitif de la société n'a été observé nulle part. L'organisation la plus primitive que nous connaissions et qui existe encore actuellement chez certaines tribus consiste en *associations d'hommes* jouissant de droits égaux et soumis aux limitations du système totémique, y compris l'hérédité en ligne maternelle. Cette organisation a-t-elle pu provenir de celle que postule l'hypothèse darwinienne et par quel moyen a-t-elle été obtenue? En nous basant sur la fête du repas totémique, nous pouvons donner à cette question la réponse suivante. un jour [2], les frères chassés se sont réunis, ont tué et mangé le père, ce qui a mis fin à l'existence de la horde paternelle. Une fois réunis, ils sont devenus entreprenants et ont pu réaliser ce que chacun d'eux, pris individuellement, aurait été incapable de faire. Il est possible qu'un nouveau progrès de la civilisation, l'invention d'une. nouvelle arme leur aient procuré le sentiment de leur supériorité. Qu'ils aient mangé le cadavre de leur père, - il n'y a à cela rien d'étonnant, étant donné qu'il s'agit de sauvages cannibales. L'aïeul violent était certainement le modèle envié et redouté de chacun des membres de cette association fraternelle.

Or, par l'acte de l'absorption ils réalisaient leur identification avec lui, s'appropriaient chacun une partie de sa force. Le repas totémique, qui est peut-être la première fête de l'humanité, serait la reproduction et comme la fête commémorative de cet acte mémorable et criminel qui a servi de point de départ à tant de choses : organisations sociales, restrictions morales, religions [3].

Pour trouver vraisemblables ces conséquences, en faisant abstraction de leurs prémisses, il suffit d'admettre que la bande fraternelle, en état de rébellion, était animée à l'égard du père des sentiments contradictoires qui, d'après ce que nous savons, forment le contenu ambivalent du complexe paternel chez chacun de nos enfants et de nos malades névrosés. Ils haïssaient le père, qui s'opposait si violemment à leur besoin de puissance et à leurs exigences sexuelles, mais tout en le haïssant ils l'aimaient et l'admiraient. Après l'avoir supprimé, après avoir assouvi leur haine et réalisé leur identification avec lui, ils ont dû se livrer à des manifestations affectives d'une tendresse exagérée [4]. Ils le firent sous la forme du repentir; ils éprouvèrent un sentiment de culpabilité qui se confond avec le sentiment du repentir communément éprouvé. Le mort devenait plus puissant qu'il ne l'avait jamais été de son vivant; toutes choses que nous constatons encore aujourd'hui dans les destinées humaines. Ce que le père avait empêché autrefois, par le fait même de son existence, les fils se le défendaient à présent eux-mêmes, en vertu de cette « obéissance rétrospective », caractéristique d'une situation psychique, que la psychanalyse nous a rendue familière. Ils désavouaient leur acte, en prohibant la mise à mort du totem, substitution du père, et ils renonçaient à recueillir les fruits de cet acte, en refusant d'avoir des rapports sexuels avec les femmes qu'ils avaient libérées. C'est ainsi que le *sentiment de culpabilité dix fils a* engendré les deux tabou fondamentaux du totémisme qui, pour cette raison, devaient se confondre avec les deux désirs réprimés de *l'Oedipe-compleve*. Celui qui agissait à l'encontre de ces tabou se rendait coupable des deux seuls crimes qui intéressaient la société primitive [5].

Les deux tabou du totémisme par lesquels débute la morale humaine, n'ont pas la même, valeur psychologique. Seule l'attitude respectueuse à l'égard de l'animal totémique repose sur des mobiles affectifs : le père est mort et, puisqu'il en est ainsi, il n'y a plus rien à faire pratiquement. Mais l'autre tabou, la prohibition de l'inceste, avait aussi une grande importance pratique. Le besoin sexuel, loin d'unir les hommes, les divise. Si les frères étaient associés, tant qu'il s'agissait de supprimer le père, ils devenaient rivaux, dès qu'il s'agissait de s'emparer des femmes. Chacun aurait voulu, à l'exemple du père, les avoir toutes à lui, et la lutte générale qui en serait résultée aurait amené la ruine de la société. Il n'y avait plus d'homme qui, dépassant tous les autres par sa puissance, aurait pu assumer le rôle du père. Aussi les frères, s'ils voulaient vivre ensemble, n'avaient-ils qu'un seul parti à prendre : après avoir, peut-être, surmonté de graves discordes, instituer la prohibition de l'inceste par laquelle ils renonçaient tous à la possession des femmes désirées, alors que c'était principalement pour s'assurer cette possession qu'ils avaient tué le père. Ils sauvèrent ainsi l'organisation qui les avait rendus forts et qui reposait peut-être sur des sentiments et des pratiques homosexuels qui s'étaient installés chez eux à l'époque de leur exil. C'est peut-être de cette situation qu'est né le *droit maternel* décrit par Bachofen et qui a existé jusqu'au jour où il a été remplacé par l'organisation de la famille patriarcale.

Dans l'autre tabou, au contraire, dans celui qui est destiné a protéger la vie de l'animal totémique, nous pouvons voir la première velléité religieuse du totémisme. Si l'animal se présentait à l'esprit des fils comme la substitution naturelle et logique du père, il n'en est pas moins vrai que l'attitude qui leur était imposée à son égard exprimait quelque chose de plus que le simple besoin de manifester leur repentit. On pouvait essayer, par cette attitude, d'apaiser le sentiment de culpabilité dont on était tourmenté, de réaliser une sorte de réconciliation avec le père. Le système totémique était comme un contrat conclu avec le père, contrat par lequel celui-ci promettait tout ce que l'imagination infantile pouvait attendre de lui, protection, soins, faveurs, contre l'engagement qu'on prenait envers lui de respecter sa vie, c'est-à-dire de ne pas renouveler sur lui l'acte qui avait coûté la vie au père réel. Il y avait encore dans le totémisme un essai de justification. « Si le père, pensaient sans doute les fils, nous avait traités comme nous traite le totem, nous n'aurions jamais été tentés de le tuer ». C'est ainsi que le totémisme contribuait à améliorer la situation et à faire oublier l'événement auquel il devait sa naissance.

Des traits ont alors apparu qui resteront désormais attachés à toute religion, quelle qu'elle soit. La religion totémique est résultée de la conscience de leur culpabilité qu'avaient les fils, comme une tentative destinée à étouffer ce sentiment et à obtenir la réconciliation avec le père offensé par une obéissance rétrospective Toutes les religions ultérieures ne sont qu'autant de tentatives faites en vue de résoudre le même problème, tentatives qui varient selon l'état de civilisation qui les a vu naître et ne diffèrent les unes des autres que par la direction qu'elles ont suivie pour trouver cette solution: mais toutes représentent des réactions contre le grand événement par lequel la civilisation a débuté et qui depuis lors n'a pas cessé de tourmenter l'humanité.

Mais déjà à cette époque le totémisme présente un trait que la religion a fidèlement conservé depuis lors. La tension ambivalente était trop grande pour qu'on pût par une organisation quelconque assurer son équilibre, autrement dit les conditions psychologiques n'étaient rien moins que favorables à la suppression de ces oppositions affectives. On constate en tout cas que l'ambivalence inhérente au complexe paternel subsiste aussi bien dans le totémisme que dans les religions en général. La religion du totem ne comprend pas seulement des manifestations de repentir et des tentatives de réconciliation : elle sert aussi à entretenir le souvenir du triomphe remporté sur le père. C'est dans ce dernier but qu'a été instituée la fête commémorative du repas totémique, à l'occasion de laquelle toutes les restrictions imposées par l'obéissance rétrospective sont mises de côté; le devoir consistant alors à reproduire le crime commis sur le père par le sacrifice de l'animal totémique, et cela toutes les fois que le bénéfice acquis à la suite de ce crime, c'est-à-dire l'assimilation, l'appropriation des qualités du père, menace de disparaître, de s'évanouir sous l'influence de nouvelles conditions survenant dans l'existence. Nous ne serons pas surpris de retrouver, même dans les formations religieuses postérieures, un certain degré de provocation, de révolte filiale, affectant souvent, il est vrai, des formes voilées et dissimulées.

J'arrête là mon examen des conséquences que l'attitude de tendresse à l'égard du père, attitude qui a pris ensuite la forme du repentir, a produites dans la religion et dans le code moral encore si peu difFérenciés dans le totémisme. Je veux seulement attirer l'attention sur le fait qu'à tout bien considérer la victoire est restée aux tendances qui avaient poussé au parricide. A partir de ce moment, les tendances fraternellement sociales exerceront pendant longtemps une profonde influence sur le développement de la société. Elles s'exprimeront par la sanctification du sang commun, par l'affermissement de la solidarité entre toutes les vies dont se compose un clan. En se garantissant ainsi réciproquement la vie, les frères s'engagent à ne jamais se traiter les uns les autres comme ils ont tous traité le père. Il excluent les uns pour les autres la possibilité du sort qui avait frappé le père. A la prohibition de tuer le totem, qui est de nature religieuse, s'ajoute désormais la prohibition, d'un caractère social, du fratricide. Il se passera encore beaucoup de temps, avant que cette prohibition, dépassant les limites du clan, devienne ce bref et clair commandement : tu ne tueras point. La horde paternelle a été remplacée par le clan fraternel, fondé sur les liens de sang. La société repose désormais sur une faute commune, sur un crime commis en commun; la religion, sur le sentiment de culpabilité et sur le repentir; la morale, sur les nécessités de cette société, d'une part, sur le besoin d'expiation engendré par le sentiment de culpabilité, d'autre part.

Contrairement aux plus récentes et conformément aux plus anciennes conceptions du totémisme, la psychanalyse nous révèle une étroite corrélation entre le totémisme et l'exogamie et leur assigne une origine commune et simultanée.

1. *Religion of the Semites,* 2e édition, 1907, p. 412.
2. Les propositions finales de la note qui suit permettront de comprendre l'exposé que nous allons faire et qui, sans ce correctif, serait de nature à surprendre le lecteur.
3. L'hypothèse en apparence extraordinaire du renversement et du meurtre du père tyrannique par l'association des fils expulsés serait, d'après Atkinson, une conséquence directe des conditions de la horde primitive, telle que la conçoit Darwin: « Une bande de jeunes frères, vivant ensemble sous un régime de célibat forcé ou, tout au plus de relations, polyandriques avec une seule femelle captive. Une horde encore faible, à cause de l'immaturité de ses membres, mais qui, lorsqu'elle aura acquis avec le temps une force suffisante, et la chose est inévitable, finira, grâce à des attaques combinées et sans cesse renouvelées, par arracher au tyran paternel à la fois sa femme et sa vie ». *(Primal Law, pp. 220-221).* Atkinson, qui a d'ailleurs passé toute sa vie dans la Nouvelle-Calédonie, où il a pu tout à son aise étudier les indigènes, invoque le fait que les conditions de la horde primitive, telles que les suppose Darwin, s'observent régulièrement dans les troupeaux de bœufs et de chevaux sauvages et aboutissent toujours au meurtre du père. Il admet en outre que le meurtre du père est suivi d'une désagrégation de la horde, par suite des luttes acharnées qui surgissent entre les fils victorieux. Dans ces conditions, une nouvelle organisation de la société n'aurait jamais pu se produire : « Les fils succèdent par la violence au solitaire tyran paternel et tournent aussitôt leur violence les uns contre les autres, pour s'épuiser dans des luttes fratricides » *(p. 228).* Atkinson, auquel les données de la psychanalyse n'étaient pas familières et qui ne connaissait pas les études de Robertson Smith, trouve une phase de transition moins violente entre la borde primitive et le stade social suivant, représenté par une communauté dans laquelle un grand nombre d'hommes vivent paisiblement ensemble. Ce serait, d'après lui, l'amour maternel qui aurait obtenu que les fils les plus jeunes d'abord, les autres ensuite restassent dans la horde où ils n'étaient d'ailleurs tolérés que pour autant qu'ils reconnaissaient le privilège sexuel du père, en renonçant à, toute convoitise à l'égard de la mère et des sœurs.

Tel est, brièvement résumée, la remarquable théorie d'Atkinson; on voit qu'elle concorde sur les points *essentiels* avec celle que nous préconisons nous-même; mais on voit aussi les points sur lesquels elle s'en écarte, renonçant ainsi à utiliser tant d'autres données.

L'indétermination, la brièveté et la concision des données

citées dans les considérations ci-dessus m'ont été imposées par la nature même du sujet. Il serait aussi absurde de rechercher l'exactitude en ces matières qu'il serait injuste d'y exiger des certitudes.
4. Ce qui a encore pu favoriser cette attitude affective, c'est le fait que l'acte meurtrier ne pouvait pleinement satisfaire aucun des complices. C'était un acte inutile à certains égards. Aucun des fils ne pouvait réaliser don désir primitif de prendre la place du père. Or, nous savons que l'échec favorise beaucoup plus la réaction morale que ne le fait le succès.
5. « Meurtre et inceste ou autres violations du même genre de la loi sacrée du sang : tels sont, dans les sociétés primitives, les deux seuls crimes dont la communauté comme telle ait conscience ». (Religion of the Semites, p. 919).

LE RETOUR INFANTILE DU TOTÉMISME - VI

J'ai de fortes et nombreuses raisons de m'abstenir d'exposer le développement ultérieur-des religions, depuis leurs débuts dans le totémisme jusqu'à leur état actuel. Dans le tissu compliqué que forme ce développement, deux fils se dégagent avec une netteté particulière, auxquels je m'arrêterai un instant pour suivre, pendant quelque temps du moins, leur trajet : il s'agit du motif du sacrifice totémique, et de l'attitude du fils à l'égard du père [1].

Robertson Smith nous a montré que l'ancien repas totémique se trouve reproduit dans la forme primitive du sacrifice. Le sens de l'acte est le même: la sanctification par la participation au repas commun; même le sentiment de culpabilité persiste alors et il ne peut être apaisé que par, la solidarité de tous ceux qui prennent part au repas. L'élément nouveau est représenté par la divinité du clan qui assiste invisiblement au sacrifice, prend part au repas, au même titre que les autres membres du clan, et avec laquelle on s'identifie par cette participation au même acte. Comment le dieu se trouve-t-il occuper cette situation qui lui était primitivement étrangère?

On pourrait répondre que l'idée de dieu était, on ne sait trop comment, née dans l'intervalle, s'était emparée de toute la vie religieuse et que le repas totémique, comme tout ce qui voulait subsister, avait été obligé de s'adapter au nouveau système. Mais de l'examen psychanalytique de l'individu il ressort avec une évidence particulière que pour chacun le dieu est fait à l'image de son père, que l'attitude personnelle de chacun à l'égard du dieu dépend de son attitude à l'égard de son père charnel, varie et se transforme avec cette attitude et que le dieu West au fond qu'un père d'une dignité plus élevée. Ici encore, comme dans le cas du totémisme, la psychanalyse nous conseille de croire le croyant, lorsqu'il parle du. dieu comme de son père, de même que nous l'avons cru, lorsqu'il parlait du totem comme de son ancêtre. Si les données de la psychanalyse méritent en général d'être prises en considération, nous devons admettre que, en dehors des autres origines et significations possibles de dieu, sur lesquelles elle est incapable de projeter une lumière quelconque, l'élément paternel joue un très grand rôle dans l'idée de dieu. Et s'il en est ainsi, le père figurerait à double titre dans le sacrifice primitif : comme dieu d'abord, comme animal de sacrifice ensuite; et, malgré toute la modestie que nous impose le nombre limité de solutions psychanalytiques possibles, nous devons essayer de rechercher si le fait que nous signalons est réel et, dans l'affirmative, quel sens il faut lui attribuer.

Nous savons qu'il existe entre le dieu et l'animal sacré (totem, animal de sacrifice) des rapports multiples; 1° à chaque dieu est généralement consacré un animal, parfois plusieurs; 2° dans certains sacrifices, particulièrement sacrés, c'est précisément l'animal consacré au dieu qui lui est offert en sacrifice [2] ; 3° le dieu est souvent adoré ou vu sous les traits d'un animal; et même longtemps après le totémisme, certains animaux sont l'objet d'un culte divin; 4° dans les mythes, le dieu se transforme souvent en un animal, dans la plupart des cas dans l'animal qui lui est consacré. Il semblerait donc naturel d'admettre que c'est le dieu lui-même qui était l'animal totémique, dont il serait né à une phase de développement supérieure du sentiment religieux. Mais nous échappons à toute discussion ultérieure, en admettant que le totem lui-même n'est qu'une représentation substitutive du père. Il serait donc la première forme de cette substitution, dont le dieu serait la forme plus développée, dans laquelle le père a recouvré les traits humains. Cette nouvelle création, née de la racine même de toute formation religieuse, c'est-à-dire de l'amour du père, n'a pu devenir possible qu'à la suite de certaine changements essentiels survenus au cours des temps dans l'attitude à l'égard du père, et peut-être aussi à l'égard de l'animal.

Ces changements sont faciles à constater, même si l'on fait abstraction de l'éloignement psychique qui s'est opéré à l'égard de l'animal et le la décomposition du totémisme par l'effet de la domestication [3]. Dans la situation créée par la suppression du père il y avait un élément qui devait, avec le temps, avoir pour effet un renforcement extraordinaire de l'amour du père. Les frères qui s'étaient réunis pour accomplir le parricide, devaient avoir chacun le désir de devenir égal au père, et ils cherchaient à satisfaire ce désir, en s'incorporant, pendant le repas totémique, des parties de l'animal. qui servaient de substitution au père. Mais étant donné la pression que les liens du clan fraternel exerçaient sur chacun de ses membres, ce désir devait rester insatisfait. Personne ne pouvait ni ne devait plus jamais atteindre à la toute-puissance du père qui était le but des convoitises de chacun. C'est ainsi que le ressentiment contre le père, qui avait poussé au meurtre de. celui-ci, a pu s'éteindre au cours d'un long développement, pour céder la place à l'amour et donner naissance à un idéal de soumission absolue à ce même père primitif qu'on avait combattu, mais qu'on se représentait maintenant comme ayant recouvré sa puissance illimitée de jadis. La primitive égalité démocratique de tous les membres du clan ne pouvait plus être maintenue à la longue, en raison des profonds changements survenus dans l'état de civilisation; la tendance a dû naître alors à ressusciter l'ancien idéal du père, en élevant au rang de dieux des individus qui, par certaines de leurs qualités, étaient supérieurs aux autres.

Qu'un homme puisse devenir un dieu ou qu'un dieu puisse mourir, ce sont là des choses qui nous paraissent choquantes, mais que l'antiquité classique considérait encore comme tout à fait possibles et naturelles [4]. L'élévation au rang d'un dieu du père jadis assassiné, auquel la tribu faisait désormais remonter ses origines, était cependant une tentative d'expiation beaucoup plus sérieuse que ne le fut autrefois le pacte conclu avec le totem.

Où se trouve dans cette évolution la place des divinités maternelles qui ont peut-être précédé partout les dieux-pères, c'est ce que je ne saurais dire. Mais ce qui paraît certain, c'est que le changement d'attitude à l'égard du père n'est pas resté limité au domaine religieux, mais s'est également fait sentir dans l'organisation sociale qui avait, elle aussi, subi auparavant les effets de la suppression. du père. Avec l'institution de divinités paternelles, la société, privée de père, s'est transformée peu à peu en société patriarcale. La famille est devenue une reconstitution de la horde primitive de jadis, dans laquelle les pères ont recouvré une grande partie des droits dont ils avaient joui dans cette horde. Il y eut de nouveau des pères, mais les conquêtes sociales du clan fraternel ne furent pas perdues, et la distance de fait qui existait entre le nouveau père de famille et le père, souverain absolu de la horde primitive, était assez grande. pour assurer la persistance du besoin religieux, c'est-à-dire de l'amour toujours éveillé pour le père.

C'est ainsi que dans la scène du sacrifice offert au dieu de la tribu, le père est. réellement présent à double titre : comme dieu et comme animal de sacrifice. Mais dans les efforts que nous faisons pour comprendre cette situation, nous devons nous mettre en garde contre des interprétations dans lesquelles cette situation est représentée simplement comme une allégorie, sans qu'il soit tenu compte de la stratification historique. La double présence du père correspond à deux significations successives de la scène, dans laquelle l'attitude ambivalente à l'égard du père et le triomphe des sentiments tendres du fils sur ses sentiments hostiles ont trouvé une expression plastique. La défaite du père et sa profonde humiliation ont fourni des matériaux pour la représentation de son suprême triomphe. La signification que le sacrifice a acquise d'une façon générale réside en ce que l'acte même qui avait servi à humilier le père sert maintenant à lui accorder satisfaction pour cette humiliation, tout en perpétuant le souvenir de celle-ci.

Plus tard, l'animal perd son caractère sacré, et les rapports entre le sacrifice et la fête totémique disparaissent. Le sacrifice devient un simple hommage rendu à la divinité, un acte de désintéressement et de renonciation en sa faveur,. Dieu se trouve désormais tellement au-dessus des hommes qu'on ne peut plus communiquer avec lui que par l'intermédiaire des prêtres. A l'organisation sociale président alors des rois revêtus d'un caractère divin et qui étendent à l'État le système patriarcal. Il faut dire que le père, rétabli dans ses droits, après avoir été renversé, se venge cruellement de sa défaite de jadis et exerce une autorité que nul n'ose discuter. Les fils soumis utilisent les nouvelles conditions pour dégager encore davantage leur responsabilité du crime commis. Ce ne sont plus eux, en effet, qui sont désormais responsables du sacrifice. C'est le dieu lui-même qui l'exige et l'ordonne. A cette phase appartiennent des mythes d'après lesquels c'est le dieu lui-même qui tue l'animal qui lui est consacré et qui n'est autre que lui-même. C'est la négation extrême du grand crime qui a marqué les débuts de la société et la naissance du sentiment de responsabilité. Cette manière de concevoir le sacrifice présente encore une autre signification, facile à saisir : celle de la satisfaction qu'on éprouve d'avoir abandonné le culte du totem pour celui d'une divinité, c'est-à-dire une substitution inférieure du père pour une substitution supérieure. La traduction platement allégorique de la scène coïncide ici avec son interprétation psychanalytique. Celle-là nous dit : la scène en question est destinée à montrer que le dieu a surmonté la partie animale de son être [5].

Ce serait cependant une erreur de croire que les dispositions hostiles à l'égard de l'autorité paternelle rétablie, dispositions qui font partie du complexe paternel, soient désormais complètement éteintes. Au contraire, c'est dans les premières phases de l'existence des deux nouvelles formations substitutives du père, c'est-à-dire des dieux et des rois, que nous trouvons les manifestations les plus accentuées de cette ambivalence qui reste caractéristique de la religion.

Dans son grand ouvrage : The *Golden Bough,* Frazer a émis l'hypothèse que les premiers rois des tribus latines étaient des étrangers qui jouaient le rôle d'une divinité et étaient sacrifiés comme telle solennellement, un jour de fête déterminé. Le sacrifice (variante: le sacrifice de soi-même) annuel d'un dieu semble avoir été un trait caractéristique des religions sémitiques. Le cérémonial des sacrifices humains sur les points les plus divers de la terre habitée montre, à n'en pas douter, que ces hommes étaient sacrifiés, en tant que représentants de la divinité, et la coutume se maintient encore à des époques assez tardives, à la différence près que des hommes vivants sont remplacés par des modèles inanimés (mannequins, poupées). Le sacrifice divin théoanthropique, que je ne puis malheureusement pas traiter ici avec les mêmes détails que le sacrifice animal, projette une lumière crue sur le passe et nous révèle le sens des formes de sacrifice plus anciennes. Il nous montre avec toute la certitude que nous pouvons désirer que l'objet de l'acte du sacrifice était toujours le même, celui qui est maintenant adoré comme un dieu, c'est-à-dire le père. La question des rapports entre sacrifices animaux et sacrifices humains trouve maintenant une solution simple. Le sacrifice animal primitif était déjà destiné à remplacer un sacrifice humain, la mise à mort solennelle du père, et lorsque, cette représentation substitutive du père eut recouvré les traits humains, le sacrifice animal put se transformer de nouveau en un sacrifice humain.

C'est ainsi que le souvenir de ce premier grand acte de sacrifice s'est montré indestructible, et cela malgré tous les efforts faits pour l'effacer de la mémoire; et c'est au moment même où l'on voulait s'écarter le plus possible des motifs qui l'ont engendré qu'on s'est trouvé en présence de sa reproduction fidèle et exacte sous la forme du sacrifice divin. Je n'ai pas à rechercher ici à la suite de quelle évolution, conçue comme une rationalisation progressive, ce retour est devenu possible. Robertson Smith, auquel les rapports entre le sacrifice et ce grand événement de la vie primitive de l'humanité échappent cependant, nous apprend que les cérémonies des fêtes par lesquelles les anciens sémites célébraient la mort d'une divinité étaient « une commémoration d'une tragédie mythique», et que les plaintes dont elles s'accompagnaient n'avaient pas le caractère d'une expression spontanée, mais semblaient avoir été imposées, ordonnées par la crainte de la colère divine [6]. Nous croyons pouvoir reconnaître cette interprétation comme exacte et voir dans les sentiments exprimés par ceux qui prenaient part à la fête un effet direct de la situation que nous venons d'esquisser.

Admettons maintenant comme un fait que, même au cours de l'évolution ultérieure des religions, les deux facteurs déterminants, sentiment de responsabilité du fils et son sentiment de révolte, ne disparaissent jamais. Les essais de solution du problème religieux, les tentatives de conciliation entre les deux forces psychiques opposées sont peu à peu abandonnés, probablement sous l'influence combinée des changements survenus dans l'état de civilisation, des événement historiques et des modifications psychiques intérieures.

De plus en plus se fait jour la tendance du fils à prendre la place du dieu-père. Avec l'introduction de l'agriculture, l'importance du fils dans la famille patriarcale augmente. Il se livre à de nouvelles manifestations de sa libido incestueuse qui trouve une satisfaction symbolique dans la culture de la terre maternellement nourricière. On voit alors apparaître les figures divines d'Attis, Adonis, Tammuz, etc., à la fois esprits de la végétation et divinités juvéniles, qui jouissent des faveurs amoureuses de divinités maternelles et se livrent, à l'encontre du père, à l'inceste maternel. Mais le sentiment de la faute que ces créations ne parviennent pas à atténuer s'exprime dans les mythes qui assignent à ces jeunes amants des divinités maternelles une vie brève ou un châtiment par la castration ou par les effets de la colère du dieu-père sous les traits d'un animal. Adonis est tué par le sanglier, l'animal sacré d'Aphrodite; Attis, l'amant de Cybèle, meurt émasculé. [7] Les lamentations qui suivent la mort de ces dieux et la joie qui salue leur résurrection sont devenues partie intégrante du rituel d'une autre divinité solaire qui, elle, a été prédestinée à un succès durable.

Lorsque le christianisme a commencé à s'introduire dans le monde antique, il s'est heurté à la concurrence de la religion de Mithra, et pendant quelque temps la victoire avait hésité entre les deux divinités.

Le visage inondé de lumière du jeune dieu perse nous est cependant resté incompréhensible. Les légendes qui représentent Mithra tuant des bœufs nous autorisent peut-être à conclure qu'il figurait le fils qui, ayant accompli tout seul le sacrifice du père, a libéré les frères du sentiment de responsabilité qui les oppressait à la suite de ce crime. Il y avait une autre voie pour supprimer ce sentiment de responsabilité, et cette voie, c'est le Christ qui l'a suivie le premier : en sacrifiant sa propre vie, il libéra tous ses frères du péché originel.

La doctrine du péché originel est d'origine *orphique,* elle s'est conservée dans les mystères et s'est ensuite répandue dans les écoles philosophiques de la Grèce antique [8]. Les hommes étaient des descendants de Titans qui ont tué et coupé en morceaux le jeune Dionysos-Zagreus ; le poids de ce crime les oppressait. On lit dans un fragment d'Anaximandre que l'unité du monde a été détruite à la suite d'un crime commis aux temps primitifs et que tout ce qui en est résulté doit supporter le châtiment pour ce qui a été fait [9]. Si l'exploit des Titans nous rappelle assez nettement, par les faits de l'association du meurtre et de l'écartèlement, celui qui, d'après la description de Saint Nilus, a été commis sur l'animal destiné au sacrifice, de même qu'il nous rappelle d'ailleurs beaucoup d'autres mythes de l'antiquité, par exemple la mort d'Orphée lui-même, il n'en reste pas moins cette différence que c'est un dieu juvénile qui a été la victime de cet exploit meurtrier.

Dans le mythe chrétien, le péché originel résulte incontestablement d'une offense envers Dieu le Père. Or, lorsque le Christ a libéré les hommes de la pression du péché originel, en sacrifiant sa propre vie, nous sommes en droit de conclure que ce péché avait consisté dans un meurtre. D'après la loi du talion profondément enracinée dans l'âme humaine, un meurtre ne peut-être expié que par le sacrifice d'une autre vie; le sacrifice de 'soi-même signifie l'expiation pour un acte meurtrier [10]. Et lorsque ce sacrifice de sa propre vie doit amener la réconciliation avec Dieu le Père, le crime à expier ne peut être autre que le meurtre du père.

C'est ainsi que dans la doctrine chrétienne l'humanité avoue franchement sa culpabilité dans l'acte criminel originel, puisque c'est seulement dans le sacrifice de l'un des fils qu'elle a trouvé l'expiation la plus efficace. La réconciliation avec le père est d'autant plus solide qu'en même temps que s'accomplit ce sacrifice, on proclame la renonciation à la femme qui a été la cause de la rébellion contre le père. Mais ici se manifeste une fois de plus la fatalité psychologique de l'ambivalence. Dans le même temps et par le même acte, le fils, qui offre au père l'expiation la plus grande qu'on puisse imaginer, réalise ses désirs à l'égard du père. Il devient lui-même dieu à côté du père ou, plus exactement, à la place du père. La religion du fils se substitue à la religion du père. Et pour marquer cette substitution, on ressuscite l'ancien repas totémique, autrement dit on institue la communion, dans laquelle les frères réunis goûtent de la chair et du sang du fils, et non du père, afin de se sanctifier et de s'identifier avec lui. C'est ainsi qu'en suivant, à travers les époques successives, l'identité du repas totémique avec le sacrifice animal, avec le sacrifice humain théoanthropique et avec l'eucharistie chrétienne, on retrouve dans toutes ces solennités l'écho et le retentissement du crime qui pesait si lourdement sur les hommes et dont ils devaient pourtant être si fiers. Mais la communion chrétienne n'est, au fond, qu'une nouvelle suppression du père, une répétition de l'acte ayant besoin d'expiation. Et nous nous rendons compte combien Frazer a raison, lorsqu'il dit que « la communion chrétienne a absorbé et s'est assimilé un sacrement beaucoup plus ancien que le christianisme [11] ».

---

1. Cfr. la travail de C. G. Jung, écrit à un point de vue quelque peu différent : *Wandlungen und Symbole der Libido*. (Jahrbuch von Bleuler-Frend, IV, 1912).
2. Robertson *Smith, Religion of the Semites*.
3. Voir plus haut, pp. 187-188.
4. « À nous autres modernes, qui avons creusé entre l'humain et le divin un fossé infranchissable, une pareille mimicry peut paraître impie, mais il en était autrement aux-yeux des anciens. Pour eux, il existait une parenté entre les dieux et les hommes, car beaucoup de familles faisaient remonter leurs origines à une divinité, et la divinisation d'un homme leur paraissait sans doute aussi peu extraordinaire que la canonisation d'un saint à un catholique moderne ». (Frazer : Golden Bough, 1, *The* magie art and *the evolulion of* Kings, II, p. 177.
5. Le renversement d'une génération de dieux par une autre, dont parlent toutes les mythologies, signifie évidemment le processus historique du remplacement d'un système religieux par un autre, soit à la suite d'une conquête par un peuple étranger, soit comme conséquence du développement psychologique. Dans ce dernier cas, le mythe se rapprocherait de ce que H. Silberer appelle les « Phénomènes fonctionnels ». L'affirmation de C. G. Jung (l. c.) que le dieu qui tue l'animal est un symbole libidineux, suppose une autre conception de la libido que celle qui a été en vigueur jusqu'à présent et me parait en général discutable.
6. Religion of the Semites, pp. 412-413. « Le deuil n'est pas une expression spontanée de sympathie pour la tragédie divine: il est obligatoire et imposé par la crainte de la colère surnaturelle. Et le principal but de l'homme manifestant son deuil consiste à dégager sa responsabilité de la mort du dieu, détail que nous avons déjà eu à signaler à propos de sacrifices théoanthropiques, tel que l'égorgement du bœuf à Athènes ».
7. Chez nos jeunes névrosés, la phobie de la castration joue un rôle extrêmement important dans la détermination de leur attitude à l'égard du père. La belle observation de Ferenczi nous a montré comment le garçon reconnaît son totem dans l'animal qui voulut attraper sa verge. Lorsque nos enfants entendent parler de la circoncision rituelle, ils se la représentent comme équivalant à la castration. Le pendant de cette attitude de l'enfant n'a pas encore été signalé, à ma connaissance, parmi les faits ressortissant de la psychologie collective. La circoncision, si fréquente chez les peuples primitifs et anciens, fait partie, de l'initiation à la maturité, par laquelle elle se justifie dans une certaine mesure, et n'a été reportée que secondairement à un âge plus précoce. Ce qui est intéressant, d'une façon générale, c'est que chez les primitifs, la circoncision était associée à l'ablation de la chevelure et à l'extraction des dents,

et parfois même remplacée par ces deux dernières opérations et que nos enfants, qui, cependant, ne savent rien de tout cela, se comportent, dans leur réactions d'angoisse, à l'égard de ces deux opérations comme s'ils les considéraient comme équivalant à la castration.

8. Reinach, Cultes, *Mythes et Religions, II, pp. 75* et suivantes.
9. « Une sorte de péché proethnique », l. c., p. 16.
10. Les impulsions au suicide, éprouvées par nos névrosés, se révèlent régulièrement comme étant la recherche d'un châtiment pour les désirs homicides dirigés contre les autres.
11. « Eating the God », p. 51. « Toute personne un peu familiarisée avec les ouvrages écrite sur ce sujet, n'admettra jamais que le rattachement de la communion chrétienne au repas totémique soit une idée personnelle de l'auteur ».

LE RETOUR INFANTILE DU TOTÉMISME - VII

Un acte comme celui de la suppression du père par les efforts réunis des frères a dû laisser des traces, ineffaçables dans l'histoire et s'exprimer dans des formations substitutives d'autant plus nombreuses qu'on tenait moins à en conserver un souvenir direct [1]. Je me soustrais à la tentation de suivre ces traces dans la mythologie où elles sont cependant faciles à trouver, et je m'adresse à un autre domaine, suivant un conseil donné par S. Reinach dans un travail plein d'intérêt sur la mort d'Orphée [2].

Il existe dans l'art grec une situation qui présente des ressemblances frappantes, en même temps que de profondes différences, avec la scène du repas totémique décrite par Robertson Smith. Nous voulons parler de la situation qu'on trouve dans la plus ancienne forme de la tragédie grecque. Une foule de personnes portant toutes le même nom et pareillement vêtues se tient autour d'un seul homme, chacune dépendant de ses paroles et de ses gestes : c'est le chœur rangé autour de celui qui primitivement était la seul à représenter le héros. Un deuxième, puis un troisième acteur ont été introduite plus tard dans la tragédie, pour servir de partenaire au héros principal ou pour représenter tel ou tel de ses traite caractéristiques. Mais le caractère même du héros et ses rapports avec le chœur restèrent inchangés. Le héros de la tragédie devait souffrir; et tel est encore aujourd'hui le principal caractère d'une tragédie. Il était chargé de ce qu'on appelle la « faute tragique », dont on ne peut pas toujours saisir les raisons; le plus souvent, cette faute n'a rien de commun avec ce que nous considérons comme une faute dans la vie courante. Elle consistait le plus souvent en une rébellion contre une autorité divine ou humaine, et le chœur accompagnait, assistait le héros de ses sentiments sympathiques, cherchait à le retenir, à le mettre en garde, à le modérer et le plaignait, lorsque, son entreprise audacieuse réalisée, il trouvait le châtiment mérité.

Mais pourquoi le héros de la tragédie doit-il souffrir et que signifie sa faute « tragique » ? Nous allons trancher la discussion par une rapide réponse. Il doit souffrir, parce qu'il est le père primitif, le héros de la grande tragédie primitive dont nous avons parlé et qui trouve ici une représentation tendancieuse; quant à la faute tragique, c'est celle dont il doit se charger, pour en délivrer le chœur. Les éléments qui se déroulent sur la scène représentent une déformation, qu'on pourrait dire hypocrite et raffinée, d'événements véritablement historiques. Dans toute réalité ancienne, ce furent précisément les membres du chœur qui ont été la cause des souffrances du héros; ici, au contraire, ils s'épuisent en lamentations et en manifestations de sympathie, comme si le héros lui-même était la cause de ses souffrances. Le crime qu'on lui impute, l'insolence et la révolte contre une grande autorité, est précisément celui-là même qui, en réalité, pèse sur les membres du chœur, sur la bande des frères. Et c'est ainsi encore, qu'à l'en. contre de sa volonté, le héros tragique est promu rédempteur du chœur.

Si, dans la tragédie grecque, les souffrances du bouc divin Dionysos et les plaintes et lamentations du chœur de boucs aspirant à s'identifier avec lui formaient le contenu de la représentation, on comprend facilement que le drame éteint ait retrouvé un regain de vitalité au moyen-âge, en s'emparant de la passion du Christ.

Je pourrais donc terminer et résumer cette rapide recherche en disant qu'on retrouve dans l'Oedipe-complexe les commencements à la fois de la religion, de la morale, de la société et de l'art, et cela en pleine conformité avec les données de la psychanalyse qui voit dans ce complexe le noyau de toutes les névroses, pour autant que nous avons réussi jusqu'à présent à pénétrer leur nature. N'est-il pas étonnant que même ces problèmes relatifs à la vie psychique des peuples puissent être résolus, en partant d'un seul point concret, comme celui de l'attitude à l'égard du père? Il est possible que nous soyons à même d'expliquer de la même manière un autre problème psychologique. Nous avons souvent eu l'occasion de montrer que l'ambivalence affective, au sens propre du mot, c'est-à-dire un mélange de haine et d'amour pour le même objet, se trouve à la racine d'un grand nombre de formations sociales. Nous ignorons totalement les origines de cette ambivalence. On peut supposer qu'elle constitue le phénomène fondamental de notre vie affective. Mais il est également possible qu'étrangère au début à la vie affective, elle n'ait été acquise par l'humanité qu'à la faveur du complexe paternel [3], dans lequel, d'après ce que nous enseigne la psychanalyse, elle trouve encore aujourd'hui sa plus haute expression [4].

Avant de terminer, je tiens à avertir le lecteur que malgré la concordance des conclusions que nous avons obtenues à la suite de nos recherches et qui convergent toutes vers un seul et même point, nous ne nous dissimulons nullement toutes les incertitudes inhérentes à nos suppositions et toutes les difficultés auxquelles se heurtent nos résultats. Je n'en relèverai que deux, les mêmes peut-être qui se sont déjà imposées à l'esprit du lecteur.

Et, d'abord, il n'a sans doute échappé à personne que nous postulons l'existence d'une âme collective dans laquelle s'accomplissent les mêmes processus que ceux ayant leur siège dans l'âme individuelle. Nous admettons en effet qu'un sentiment de responsabilité a persisté pendant des millénaires, se transmettant de génération en génération et se rattachant à une faute tellement ancienne qu'à un moment donné les hommes n'ont plus dû en conserver le moindre souvenir. Nous admettons qu'un processus affectif, tel qu'il n'a pu naître que chez une génération de fils ayant été maltraités par leur père, a pu subsister chez de nouvelles générations qui étaient, au contraire, soustraites à ce traitement, grâce à la suppression du père tyrannique. Ce sont là des hypothèses susceptibles de soulever de graves objections, et nous convenons volontiers que toute autre explication serait préférable qui n'aurait pas besoin de s'appuyer sur des hypothèses pareilles.

Mais en y réfléchissant de près, le lecteur constatera que nous ne sommes pas les seuls à porter la responsabilité de cette audace. Sans l'hypothèse d'une âme collective, d'une continuité de la vie psychique de l'homme, qui permet de ne pas tenir compte des interruptions des actes psychiques résultant de la disparition des existences individuelles, la psychologie collective, la psychologie des peuples ne saurait exister. Si les processus psychiques d'une génération ne se transmettaient pas à une autre, ne se continuaient pas dans une autre, chacune serait obligée de recommencer son apprentissage de la vie, ce qui excluerait de tout progrès et tout développement. Et, à ce propos, nous pouvons nous poser les deux questions suivantes : dans quelle mesure convient-il de tenir compte de la continuité psychique dans la vie des générations successives? De quels moyens une génération se sert-elle pour transmettre ses états psychiques à la génération suivante? Ces deux questions n'ont pas encore reçu une solution satisfaisante; et la transmission directe par la tradition, à laquelle on est tenté de penser tout d'abord, est loin de remplir les conditions voulues. En général, la psychologie collective se soucie fort peu de savoir par quels moyens se trouve réalisée la continuité de la vie psychique des générations successives. Cette continuité est assurée en partie par l'hérédité des dispositions psychiques qui, pour devenir efficaces, ont cependant besoin d'être stimulées par certains événements de la vie individuelle. C'est ainsi qu'il faut interpréter le mot du poète : « ce que tu as hérité de tes pères acquiers-le pour le posséder ». Le problème paraîtrait beaucoup plus difficile encore, si nous avions des raisons d'admettre l'existence de faits psychiques susceptibles d'une répression telle qu'il disparaissent sans laisser des traces. Mais des faits pareils n'existent pas. Quelque forte que soit la répression, une tendance ne disparaît jamais au point de ne pas laisser après elle une substitution quelconque qui, à son tour, devient le point de départ de certaines réactions. Force nous est donc d'admettre qu'il n'y a pas de processus psychique plus ou moins important qu'une génération soit capable de dérober à celle qui la suit. La psychanalyse nous a montré notamment que l'homme possède, dans son activité spirituelle inconsciente, un appareil qui lui permet 'd'interpréter les réactions d'autres hommes, c'est-à-dire de redresser, de corriger les déformations que ses semblables impriment à l'expression de leurs mouvements affectifs. C'est grâce à cette compréhension inconsciente des mœurs, cérémonies et préceptes qui ont survécu à l'attitude primitive à l'égard du père que les générations ultérieures ont pu réussir à s'assimiler le legs affectif de celles qui les ont précédées.

Une autre objection se présente qui, elle, est soulevée par la méthode psychanalytique elle-même.

Nous avons dit que les premiers préceptes éthiques et les premières restrictions morales des sociétés primitives devaient être conçus comme une réaction provoquée par un acte qui fut pour ses auteurs la source et le point de départ de la notion du crime. Se repentant de cet acte, ils avaient décidé qu'il ne devait plus jamais avoir lieu et qu'en tout cas son exécution ne serait plus pour personne une source d'avantages et de bénéfices. Ce sentiment de responsabilité, fécond en créations de tout genre, n'est pas encore éteint parmi nous. Nous le retrouvons chez le névrosé qui l'exprime d'une manière asociale, en établissant de nouvelles prescriptions morales, en imaginant de nouvelles restrictions, à titre d'expiation pour les méfaits accomplis et de mesures préventives contre les futurs méfaits possibles [5]. Mais lorsque nous recherchons les actes qui ont provoqué chez les névrosée ces réactions, nous ne manquons pas d'être profondément déçue. Il s'agit moins d'actes que d'impulsions, de tendances affectives orientées vers le mal, mais n'ayant pas reçu de réalisation. Le sentiment de responsabilité du névrosé repose sur des réalités psychiques, et non sur des réalités matérielles. La névrose est caractérisée par ce qu'elle donne à la réalité psychique le pas sur la réalité de fait, qu'elle réagit à l'action des idées avec le même sérieux avec lequel les êtres normaux réagissent devant les réalités.

Ne se pourrait-il pas qu'il en fût de même chez les primitifs? Nous savons déjà qu'étant donné leur organisation narcissique, ils attachent à leurs actes psychiques une valeur exagérée [6]. Aussi bien les simples impulsions hostiles à l'égard du père, l'existence du désir imaginaire de le tuer et de le dévorer auraient-elles pu suffire à provoquer la réaction morale qui a créé le totémisme et le tabou. Nous échapperions ainsi à la nécessité de faire remonter les débuts de notre civilisation, dont nous sommes si fiers, et à juste titre., à un crime horrible et qui blesse tous nos sentiments. L'enchaînement causal, qui s'étend de ces débuts jusqu'à nos jours, ne subirait de ce fait aucune solution de continuité, car la réalité psychique suffirait à expliquer toutes ces conséquences. A cela on peut répondre que le passage de la forme sociale caractérisée par la horde paternelle à la forme caractérisée, par le clan fraternel constitue cependant un fait incontestable. L'argument, quoique fort, n'est pourtant pas décisif. La transformation de la société a pu s'effectuer d'une manière moins violente, tout en fournissant les conditions favorables à la manifestation de la réaction morale. Tant que l'oppression exercée par l'ancêtre primitif se faisait sentir, les sentiments hostiles à son égard étaient justifiés et le remords qu'on éprouvait à cause de ces sentiments et en même temps qu'eux devait, pour se manifester, attendre un autre moment. Tout aussi peu probante est l'autre objection, d'après laquelle tout ce qui découle de l'attitude ambivalente à l'égard du père, tabou et prescriptions relatives au sacrifice, présenterait les caractères du sérieux la plus profond et de la réalité la plus complète. Mais le cérémonial et les inhibitions de nos névrosés souffrant d'idées obsédantes présentent les mêmes caractères et restent toujours à l'état de réalités psychiques, de projets, sans jamais devenir des faits concrets. Nous devons nous garder d'appliquer au monde du primitif et du névrosé, riche seulement en événements intérieurs, le mépris que notre monde prosaïque, plein de valeurs matérielles, éprouve pour les idées et les désirs purs.

Ici nous avons à prendre une décision faite pour nous rendre perplexes. Commençons cependant par déclarer que cette différence, que d'aucuns pourraient trouver capitale, ne porte pas sur le côté essentiel du sujet. Si désirs et impulsions présentent pour le primitif toute la valeur de faits, il ne tient qu'à nous de chercher à comprendre cette conception, au lieu de nous obstiner à la corriger conformément à notre propre modèle. Essayons donc de nous faire une idée plus précise de la névrose, puisque c'est elle qui a soulevé en nous les doutes dont nous venons de parler. Il n'est pas vrai que les névrosés obsédés qui, de nos jours, subissent la pression d'une sur-morale, ne se défendent que contre la seule réalité psychique des tentations et ne considèrent comme des crimes méritant un châtiment que des impulsions uniquement ressenties. Il y a dans leurs tentations et impulsions une bonne part de réalité historique; dans leur enfance, ces hommes ne connaissaient que de mauvaises impulsions et, dans la mesure où le leur permettaient leurs ressources infantiles, ils ont plus d'une fois traduit ces impulsions en actes. Chacun de ces hommes se piquant aujourd'hui d'une moralité supérieure a connu dans son enfance une période de méchanceté, une phase de perversion, préparatoire et annonciatrice de la phase sur-morale ultérieure. L'analogie entre le primitif et le névrosé apparaît donc beaucoup plus profonde, si nous admettons que chez le premier la réalité psychique, dont nous connaissons l'organisation, a également coïncidé au début avec la réalité concrète, c'est-à-dire que les primitifs ont réellement accompli ce que, d'après tous les témoignages, ils avaient l'intention d'accomplir.

Ne nous laissons pas toutefois trop influencer, dans nos jugements sur les primitifs, par leur analogie avec les névrosés. Il faut également tenir compte des différences réelles. Certes, ni le sauvage ni le névrosé ne connaissent cette séparation nette et tranchée que nous établissons entre la pensée et l'action. Chez le névrosé l'action se trouve complètement inhibée et totalement remplacée par l'idée. Le primitif, au contraire, ne connaît pas d'entraves à l'action; ses idées se transforment immédiatement en actes ; on pourrait même dire que chez lui l'acte remplace l'idée, et c'est pourquoi, sans prétendre clore la discussion, dont nous venons d'esquisser les grandes lignes, par une décision définitive et certaine, nous pouvons risquer cette proposition : « au commencement était l'action ».

---

1. Cfr. La Tempête de Shakespeare (Acte 1, scène II): Ariel (chantant) : « Ton père est enterré sous cinq brasses d'eau. On a fait du corail avec ces os; - ce qui était ses yeux est devenu des perles. - Rien de lui n'a disparu, - mais tout a été transformé par la mer - en quelque chose de riche et d'étrange ».

2. La Mort *d'Orphée (dans* le livre souvent cité : Mythes, Cultes *et Religions*, II, p. 100 et suivantes).
3. Et du complexe parental en général.
4. Afin d'éviter des malentendus, je ne crois pas inutile de rappeler expressément qu'en établissant ces rapports, je n'oublie nullement la nature complexe des phénomènes qu'il s'agit de déduire et que ma seule intention est d'ajouter aux causes connues ou non encore reconnues de la religion, de la morale et de la société, un nouveau facteur qui se dégage des recherches psychanalytiques. Je dois laisser à d'autres le soin d'opérer la synthèse de tous ces facteurs. Mais la nature du nouveau facteur que nous signalons est telle qu'il ne pourra jouer dans la future synthèse que le rôle principal, alors même que, pour lui faire assigner ce rôle, il faudra vaincre de fortes résistances affectives.
5. Voir chap. II.
6. Voir le chapitre III, *Animisme, magie et toute-puissance des idées*.

Copyright © 2024 par Alicia Editions

Couverture : Canva.com

ISBN Ebook : 9782384552368

ISBN Livre broché : 9782384552375

ISBN Livre relié : 9782384552382

Tous droits réservés

www.ingramcontent.com/pod-product-compliance
Lightning Source LLC
LaVergne TN
LVHW032005070526
838202LV00058B/6295